SEXO
SENTIDO
La sexualidad que hace la diferencia

Omar A. Hein
PRÓLOGO POR
BERNARDO STAMATEAS

Vida®

La misión de Editorial Vida es ser la compañía líder en comunicación cristiana que satisfaga las necesidades de las personas, con recursos cuyo contenido glorifique a Jesucristo y promueva principios bíblicos.

SEXO SENTIDO
Edición publicada por
Editorial Vida – 2011
Miami, Florida

© 2011 por Omar Hein

Edición: *Carlos Peña*
Diseño interior: *Base Creativa*
Diseño de cubierta: *Creator Studio*

ISBN: 978-0-8297-5092-8

CATEGORÍA: Vida cristiana/ Amor y matrimonios

IMPRESO EN ESTADOS UNIDOS DE AMÉRICA
PRINTED IN THE UNITED STATES OF AMERICA

11 12 13 ❖ 6 5 4 3 2

Prólogo

A lo largo de los años en nuestras iglesias predominó una enorme confusión sobre el tema sexual. La misma era vivida como algo «sin sentido», con culpas, miedos y mucha, pero mucha ignorancia. En este último tiempo, Dios ha levantado gente extraordinaria como el licenciado Omar Hein, para que nos ayude a ver la sexualidad desde la perspectiva del placer, la alegría y el disfrute. Nuestro «hacer» nunca se separa de nuestro «ser». Es por ello que antes de que leas este libro, quiero que sepas que *Sexo Sentido* es el resultado del trabajo de una gran persona. Su autor es alguien con una enorme experiencia profesional en el área de la psicología y la sexología. A leerlo, seguramente exclamarás lo que la gente dice al escucharlo en las clases o charlas que da por todo el país: «¡Qué bueno que estuvo! ¡Aprendí un montón!» Por eso, esta obra es como las clases dictadas por los mejores maestros, sencillamente brillante y práctica a la vez. Posee un lenguaje ameno, lleno de anécdotas prácticas con las que el lector se podrá identificar, reír y sanar.

La sexualidad es un área muy importante en nuestra vida y, por distintos factores, muchas personas la han descuidado o esperan que simplemente se desarrolle sola, sin poner de su parte. Sé que aquí encontrarás claves para vivirla más plenamente. Vale la pena que inviertas tiempo en leer y releer estas páginas una y otra vez. *Sexo Sentido* está abordado desde una perspectiva muy profesional. Disfrutarás de una obra de gran nivel.

Felicito a Omar por este trabajo y sé que será de gran beneficio al pueblo de Dios.

Pastor Bernardo Stamateas

Dedicatoria

Este libro está dedicado a todos aquellos que:

- Quieren conocer más sobre sexualidad, porque quieren aplicarla a su matrimonio o enseñarla a otros.
- Han tenido y tienen problemas sexuales y que en el afán de lograr una sexualidad placentera y feliz han terminado lastimando sus vidas. Si las personas disfrutaran de su vida sexual matrimonial con libertad, no existirían tantas separaciones, divorcios o adulterios, porque no habría necesidad de buscar fuera del matrimonio lo que existe dentro del mismo.
- Han sido lastimados en el área sexual.

Deseo que este libro sea una herramienta que Dios use para comenzar a sanar tu vida sexual.

Si quieres comunicarte con nosotros, puedes hacerlo a sexo.sentido@ymail.com

Agradecimientos

A ti, Señor. Tú eres la razón de mi existir. Conocerte y disfrutar de tu amistad fue lo mejor que me pasó en la vida.

A mi esposa Graciela. Sin ella, la sexualidad sería mera teoría. Te amo. Eres el mejor regalo de Dios para mi vida.

A mi hijo Matías, que entiende que papá trabaje hasta tarde y sabe esperar con paciencia los momentos para que juguemos.

A mi mentor y maestro Bernardo Stamateas, que creyó en mí, me dio todo su apoyo, y me enseñó a redimir y disfrutar la sexualidad.

A mis padres por su amor y ayuda desde que era un niño, hasta el día de hoy.

A Julio Mariano. Sin él, este libro no estaría en tus manos.

A mis alumnos del INDAP. Sus comentarios inspiradores son parte de este libro.

Y a Editorial Vida por aceptar ser parte en la enseñanza de un tema tan necesario para el pueblo de Dios.

Contenido

Prólogo 3
Dedicatoria 5
Agradecimientos 7
Introducción 11

CAPÍTULO UNO
Principios básicos para una sexualidad feliz,
¿necesito estar casado para ser feliz? 13

CAPÍTULO DOS
¿Sexualidad normal? 25

CAPÍTULO TRES
Lo que todos deberíamos saber sobre el sexo 31

CAPÍTULO CUATRO
Parte 1: La Biblia y la sexualidad 43
Parte 2: La Biblia y la sexualidad 49

CAPÍTULO CINCO
No te olvides que *eres humano* 59

CAPÍTULO SEIS
Cuando la culpa impide el placer 71

CAPÍTULO SIETE
Si el sexo sirve, ¿para qué sirve? 77

CAPÍTULO OCHO
No puedo estar contigo. ¡Eres un animal! Te quiero tanto,
pero parecemos dos hermanos ¡Eres un ángel! 91

CAPÍTULO NUEVE
Tres etapas en la respuesta sexual 105

CAPÍTULO DIEZ
Conocer nos hace libres 149

CAPÍTULO ONCE
Mitos sexuales, *mentiras que parecen verdad* 157

Bibliografía 187

Introducción

¡Y Dios creó al hombre!
— Adán, baja por aquel valle.
— ¿Qué es un valle, Señor?
Y Dios se lo explicó, y después le dijo:
— Adán, atraviesa el río.
— ¿Qué es un río, Señor?
Y Dios se lo explicó, y después le dijo:
— Adán, sube aquella montaña.
— ¿Qué es una montaña, Señor?
Y Dios se lo explicó, y más tarde le dijo:
— Al otro lado de la montaña encontrarás una caverna.
— ¿Qué es una caverna, Señor?
Y Dios se lo explicó, y entonces le dijo:
— En la caverna encontrarás una mujer.
— ¿Qué es una mujer, Señor?
¡Y Dios se lo explicó!, y le dijo:
— Quiero que te reproduzcas con ella.
— ¿Y cómo hago eso, Señor?
Y una vez más, Dios se lo explicó...
Y allí se fue Adán. Descendió el valle, atravesó el río, subió la montaña. Entró en la caverna, encontró a la mujer, y después de cinco minutos estaba de regreso...
Dios, ya algo irritado, le preguntó:
-¿Y ahora qué pasa?
— ¿Qué es un dolor de cabeza, Señor?

Este libro trata de este tema, saber qué es un dolor de cabeza, y poder prevenirlo para disfrutar plenamente de nuestra sexualidad, para que no aparezcan ni antes ni después de nuestras relaciones sexuales.

Principios básicos para una sexualidad feliz, *¿necesito estar casado para ser feliz?*

La sexualidad es maravillosa

El principio fundamental para disfrutar del sexo es entender que *Dios ha creado la sexualidad para que el ser humano lo disfrute*, no solo para que sus criaturas se reproduzcan. La reproducción a través del sexo no fue un plan de último momento. Dios no se equivoca. Por lo tanto, es su deseo que podamos disfrutar de aquello que ha creado. Si aún no la estás disfrutando, este es un buen libro para empezar a buscar respuestas, a fin de lograr la felicidad completa en tu matrimonio.

La relación sexual fue diseñada para sentirla con toda la plenitud de los sentidos. Para ello es necesario ser conscientes, darnos cuenta de lo que sucede, y no pretender «vivirla de reojo», como algo ajeno a la realidad cotidiana, ajeno de la vida familiar, ajeno de los sentidos, y negando aquello que se siente y experimenta. *Debemos practicar «sexo sentido», para no acabar en una sexualidad sin sentido.*

Siempre se ha considerado el tema del sexo como algo difícil de tratar. Por ejemplo, no se habla delante de los niños, o simplemente no se habla con nadie, ni siquiera con el cónyuge. Pienso que los matrimonios deben hablar de ello, deben hablarlo con los niños, ya que todo lo que no enseñes a tus hijos de sexo, lo aprenderán afuera.

Un ejemplo de esto es que cada vez que doy una conferencia

de sexo, pregunto a los varones presentes cuánto tiempo han dedicado sus padres a enseñarles a controlar el esfínter. La respuesta varía entre seis meses y dos años. Luego realizo otra pregunta, cuya respuesta siempre es la misma: ¿cuánto tiempo han dedicado sus padres a enseñarles a eyacular? La respuesta es la que darías tú mismo (si eres varón): «Nunca han dedicado tiempo para ello».

Gracias a Dios, sí existen padres que hablan de sexo con sus hijos. No obstante, algo que debería ser natural como por ejemplo que un padre enseñe a su hijo los secretos para contener una eyaculación, no sucede. Todos los varones hemos llegado al matrimonio sin saber cómo hacerlo exactamente. Y lo que se aprende casi siempre proviene de fuentes cuestionables. Sin embargo, se toman como verdades incuestionables tan solo porque parece que saben.

Y aquí viene otro principio básico: *no toda persona que habla de sexo está calificada para hacerlo.* Hay personas que hablan con tanta elocuencia que parece que dicen la verdad, pero cuando alguien se refiere a sus experiencias, usos y costumbres, sin conocimiento, puede llevarnos a creer falsas verdades.

¿Por qué es tan importante entender esto? Porque todo síntoma sexual está basado en creencias falsas, ideas malentendidas, y estas creencias suelen venir de personas a quienes les otorgamos poder, poder para influir en nuestras vidas, para formar ideas.

La sexualidad no es algo tan difícil de entender: Dios la creo, quiere que se practique dentro del matrimonio, y todo lo que se haga allí está bendecido (excepto, por supuesto, lastimar al otro).

La sexualidad no es una carrera de cien metros sino una carrera de resistencia. Sin embargo, en esta carrera no existen competidores. Competimos contra nosotros mismos por lograr ser mejores cada día.

Existe una extraña idea, y es la de pensar que cuando nos acercamos al sexo por primera vez, todo debe ser maravilloso y sin problemas. «Cada cosa encaja en su lugar». La realidad demuestra que esto no es así. Por el contrario, suele ocr exactamente al revés: la «cosa» parece que no encaja, y empezamos a darnos cuenta de que no era como imaginábamos.

Una pareja sana es aquella que descubre que cada día su sexualidad es mejor, y que no todas las relaciones son placenteras, ni siquiera existe una relación igual a la otra. Puede que exista una relación sexual maravillosa, pero la siguiente es... común, nada mágica, sin «estrellitas». Nada. Esto es normal. Es así. Como todo en la vida, no podemos vivir en una euforia permanente, y nuestra sexualidad no es la excepción.

La felicidad sexual no la puedo lograr solo, necesito de mi cónyuge. Esto parece una obviedad, pero hay muchos que piensan que la sexualidad es buena solo porque están incluidos allí. Creen que su relación sexual es satisfactoria porque son ellos quienes la realizan. Y si algo sale mal, es responsabilidad del cónyuge. También hay personas que conviven con la idea de que su vida sexual es desastrosa porque están *incluidos*, es decir, está todo mal por su culpa.

Si la sexualidad es poco placentera, es responsabilidad de ambos. De igual manera, si resulta satisfactoria, es porque ambos la han llevado a ese nivel. Importa poco que uno de los dos tenga un síntoma sexual y el otro no. Juntos y en amor todos los síntomas pueden superarse. Tal vez uno de los miembros de la pareja presente un síntoma sexual, pero el otro es quien contribuye a superarlo. Por ejemplo, pensemos en un hombre que porta un síntoma de disfunción eréctil. En él se hace evidente que hay una dificultad para mantener relaciones sexuales, pero tal vez ella, con una actitud demandante, crítica y amenazadora, contribuye a que sea peor. Por lo tanto, si eres de los que creen que nadie lo haría como tú, quiero decirte que... ¡estás en lo cierto! Nadie lo puede hacer como tú, por la simple y sencilla razón de que eres una pieza única e irrepetible, y nadie puede igualarte, ni siquiera en la forma de mantener relaciones sexuales. Cuando te unes a otro ser humano irrepetible y único como tú, se forma una y solo una relación sexual. Ahora, que esa relación sexual sea buena o mala, no depende solo de ti o de tu cónyuge sino de ambos. Quiero decirte que la relación que has mantenido todos estos años no ha sido mala solo por tu culpa. Tal vez seas responsable de no haber hecho mucho para mejorarla, pero si estás leyendo este libro, es porque el tema te interesa y quieres mejorar aquellos aspectos que aún crees que pueden superarse. Por esta razón, creo que lo más importante no es tener sexo sino encontrar a alguien con quien permanecer luego de tenerlo, alguien a quien amar, con quien compartir una amistad y un compromiso.

Muchas personas se casan solo por la idea de mantener una buena sexualidad, y tal vez la tienen, pero no existe nada más allá de eso, porque no hay amor, ni amistad, ni compromiso. Es por esto que para lograr mantener *«sexo sentido»*, hay que encontrar la persona adecuada para llevarla a cabo. De lo contrario, solo tendremos *sexo sin sentido*.

Debo casarme, porque ya pasé los treinta

El primer requisito para desarrollar una vida sexual satisfactoria es tener un cónyuge con quien llevarla a cabo. Si ya eres casada o casado, puedes saltar al siguiente capítulo, porque en éste hablaremos de algunas cuestiones referentes a jóvenes que están en búsqueda de un noviazgo con el fin y el propósito de formalizar un matrimonio. Sin embargo, puedes leerlo para luego ayudar a un «amigo».

Lo primero que tienes que pensar es si *realmente necesitas un matrimonio*, porque quizá necesites otra cosa como ser reconocido, aceptado, abrazado o valorado por alguien, pertenecer a un grupo o mejorar tu autoestima. Hay quienes buscan casarse para mantener sexo, y por ello creen que necesitan un matrimonio. Estos individuos, cuando se casan, sufren, porque no era exactamente eso lo que necesitaban sino alguien que aumentara su autoestima, que los hiciera sentir especiales, por las propias carencias afectivas. O tal vez buscaban cambiar el estado civil, porque ya están en una edad «avanzada», o querían ser padre o madre, y para ello buscan un «semental» (el mejor candidato para el rol de padre que encuentre) y no una ayuda idónea. Entonces, llevan estas carencias afectivas no resueltas a la pareja, por lo que siempre estarán en riesgo de demandar de su cónyuge cosas que tal vez el otro no estará dispuesto a dar, o al menos no por ahora.

No es difícil pensar que una pareja, donde uno de los dos se casa solo por cambiar su estado civil (porque está en edad «avanzada» y no quiere quedarse para «vestir santos»), puede tener problemas sexuales; ya que una vez que se logró el objetivo, que es, por ejemplo, «cambiar el estado civil», todo lo demás —incluida la sexualidad— es relativo y secundario. Se casan por presión social, porque es lo que todos esperan que hagan en este tiempo; o porque toda su vida dependieron de alguien como por ejemplo de una madre que les lavara la ropa, que les cocinara, y que los escuchara y orientara cada vez que tuvieran un problema serio. Estos individuos no han logrado desarrollar una sana autonomía: tienen libertad (son exitosos en sus trabajos), pero no tienen independencia (cada vez que tienen que tomar una decisión importante, dudan, o recurren a su mamá o papá para saber qué hacer). Son como muchos países que han declarado su independencia, pero no tienen autonomía para tomar decisiones, y cada decisión política está condicionada por la opinión de terceros más poderosos.

Debemos tener claro si lo que necesitamos es casarnos u otra cosa, ya que si necesitamos cubrir traumas afectivos, deberíamos resolverlos antes de ingresar a una relación matrimonial, para luego sí disfrutar con plenitud de dicha unión. Un matrimonio no resuelve los traumas afectivos. Hay quienes piensan que solo deben casarse, y que los defectos del otro se irán corrigiendo con amor: «Y él siempre fue mujeriego, pero pensé que cambiaría». Lamento desilusionarles, los defectos suelen empeorar. Por ejemplo, el matrimonio no es el antídoto contra la depresión: un depresivo que se casa, puede experimentar un pequeño tiempo de felicidad, para después volver a sentirse igual. El matrimonio en sí mismo no puede ayudarlo a sanar su situación, tampoco tener un hijo, ni crecer económicamente. Una vez que tenemos claro que lo que buscamos es una persona con quien compartir el resto de nuestras vidas estamos listos para el siguiente paso.

El desarrollo de una sana autonomía

La persona que no ha logrado *autonomía* presenta excesiva *dependencia*. Para poder llevar adelante un matrimonio sano debemos ser personas maduras, que puedan y sepan tomar decisiones y asumir la responsabilidad de ello. Uno de los aspectos más importantes en lo que respecta a la madurez tiene que ver con ser autónomos y deshacernos de las dependencias que en alguna época de nuestras vidas nos dieron seguridad. Solo cuando somos autónomos y podemos pensar por sí mismos, podremos tener una pareja sana, y como consecuencia de ello, una sexualidad satisfactoria.

El filosofo alemán Emmanuel Kant (1724-1804), considerado por muchos como el pensador más influyente de la era moderna, definió *autonomía* como «la capacidad del sujeto de gobernarse por una norma que él mismo acepta como tal, sin coerción externa». En ese sentido, autonomía reúne los siguientes aspectos:

- Lo que interesa es que el sujeto pueda hacer lo que desea, sin impedimentos: «Yo, si fuera vos, pensaría dos veces en casarme con ese, si ni casa tiene... y la familia, ¿viste lo que es...?»
- Tiene que ver con la capacidad del individuo de autodeterminarse.
- Es el derecho a la libertad, intimidad, voluntad, elegir el propio comportamiento y ser dueño de uno mismo.
- Es una persona que actúa libremente, de acuerdo a su plan, no se deja controlar por otros y es capaz de reflexionar y actuar en función de sus propios deseos y objetivos.

Un individuo que no ha logrado su autonomía, no podrá tomar decisiones con libertad, ya que siempre dependerá de la opinión de alguien más. La dependencia puede ser hacia per sonas o cosas:

- Dependencia familiar de origen: mamá, papá, hermanos.
- Dependencia al «ex»: existen personas que nunca logran «desengancharse» de su ex novia o novio. Siempre pareciera ser que la o el «ex» está involucrado en el matrimonio, y hasta parece un hijo más.
- Dependencia a los amigos: vale más la opinión del grupo de amigos que la opinión del cónyuge. Déjame decirte solo una cosa: es con esa persona con quien envejecerás, no con tu grupo de amigos. Más te vale que empieces a cuidar el vínculo con quien pasarás la mayor parte de tu tiempo, a medida que transcurran los años.
- Dependencia del trabajo: muchos no logran relaciones sexuales satisfactorias porque no tienen tiempo. Viven para el trabajo, porque trabajan para vivir.
- Dependencia de la opinión de los demás: importa más la opinión de los demás que la del cónyuge. «¿Qué dirán los demás?» Es frecuente escuchar parejas que se quejan de sus cónyuges porque éstos los maltratan en público o hacen chistes que menosprecian sus roles y actividades.

—Querido —dijo la mujer—, siento verdadera vergüenza de cómo vivimos. Mi padre nos paga el alquiler de la casa; mi hermano nos manda comida y dinero para ropa; mi tío nos paga la factura del agua y de la luz; y nuestros amigos nos regalan entradas para el teatro. La verdad es que no me quejo, pero siento que podríamos hacerlo mejor.
—Naturalmente que podemos —dijo el marido—. Precisamente llevo unos días pensando en ello: tienes un hermano y dos tíos que no nos dan ni un centavo.

(*Anthony de Mello. La oración de la rana*)

Para dejar de depender de los demás y tener matrimonios verdaderamente autónomos, debemos desarrollar el sentido de *competencia,* que es la capacidad de realizar bien una determinada obra o actividad. Una persona que no logre sentirse competente en su vida, podrá ver cómo pronto la sensación de incompetencia se trasladará también al área sexual. Muchos otros no logran autonomía porque sufrieron el *abandono de alguien.* Quedaron huérfanos o abandonados afectivamente, y se centran en el recuerdo del dolor pasado: «No podré colmar tus expectativas». «Cuando él (ella) realmente me conozca, se dará cuenta cómo soy, conocerá mis miserias, y me dejará». Tienen miedo de presentar sus novios a sus familias, miedo de que vean la mancha de humedad en la pared de su casa, y por ello terminan dejándola otra vez como lo hicieron en el pasado. El miedo, como dice el licenciado Bernardo Stamateas, es fe en reversa: funciona porque es fe, pero no permite que vivamos lo que Dios quiere para nuestras vidas.

Para no sufrir de nuevo el abandono, se alejan del otro afectivamente, empiezan a sentir que ya no lo quieren como antes, que en realidad no saben si están enamorados o no: «Porque si estuviera enamorado, no sentiría esto sino tendría ganas de verle más seguido». Con el tiempo empiezan a sentir que ya no tienen ganas de estar con la otra persona. Este es un mecanismo de defensa que lleva a dejarle, antes de que el otro lo haga. Lamentablemente esto también sucede dentro de muchos matrimonios: temen tanto perder al otro que terminan creando una profecía autorealizable: «Lo que más temía, me sobrevino; lo que más me asustaba, me sucedió» (Job 3:25).

Características del «alejanovias»

Una persona que ha sido abandonada o no tiene un sentido de competencia bien desarrollado empieza a actuar con *ansiedad,* que es la emoción más básica del ser humano, la reacción que la persona tiene ante el peligro. Esta ansiedad impide que actúe de manera natural frente a una situación temida, frente a la posibilidad de hablar con alguien del sexo opuesto. Pierden la espontaneidad y, por ende, cometen torpezas, las cuales lo llevan a pensar: «Soy tan torpe, que nadie me va a querer. Es mejor que me regrese a casa». Se activa el mecanismo de huida, y lo hacen. Nunca terminan por mostrar sus intenciones a la persona que les interesa.

Cuando el individuo cree que lo van a dejar o que le dirán que «no» cuando le proponga salir a su pretendida, empieza a actuar con ansiedad, la cual tiene por lo menos cuatro características:

1. Es anticipatoria: ideas intrusivas se meten en la cabeza: «No voy a poder», «No sé qué voy a decir».
2. Provoca pensamientos catastróficos: lo peor seguro que va a pasar: «No puedo estornudar delante de él porque seguro se me va a caer el paladar».
3. Resulta en pensamientos catarata: un pensamiento trae otro y ese otro, otro y otro y otro: «No puedo salir con ella, porque no la puedo llevar a cenar caviar, solo sopa; pero yo hago ruido al tomar sopa, y seguro me la derramaré y la gente se reirá de mí. Y no voy a permitir que se ría de mí y me haga sentir mal; porque quién es ella para hacerme sentir así. Seguro que tampoco sabe tomar sopa. Es más, seguro que ni sabe cocinar. ¡No voy a salir con ella, porque no necesito una mujer que no sabe cocinar!»
4. Se muestra como una conducta evitativa: las personas se alejan de los lugares que consideran inseguros. Solo frecuentan los mismos sitios (ver TV el sábado por la noche con mamá), con los amigotes de siempre.

Los superados

Por otro lado, en la búsqueda del idóneo, tenemos a los superados. Hay quienes no encuentran pareja porque se han vuelto demasiado *idealistas*. Con el correr de los años, la gente gana «*experiencia*», entonces puede anticipar lo que sucederá: «Seguro a ese se le caerá el cabello, y quedará calvo. Y como no me gustan los calvos, no me conviene». «Estoy seguro que se parece a la madre, y la madre es un vieja gruñona».

Cuando se es joven, no se es tan «experimentado», por eso se agarra lo que viene. Es más, sucede que todos le dicen: «No, ese no te conviene», «A ese muchachito no le gusta trabajar», «¿Qué futuro tendrás con él?» Y al enamorado no le importa nada. Sin embargo, cuando se madura, *todo* importa, y cuando *todo* importa, *nada* sirve. Porque no se trata de encontrar la persona ideal. Además, lo ideal no solo es inexistente sino que además no es idóneo. Ideal es alguien a quien ponemos lejos, que admiramos (ad- mirar es mirar de lejos); el idóneo es alguien que está a mi lado, que «empuja el carro conmigo».

Cuando alguien se vuelve demasiado experimentado, nada lo conforma. Todas tienen algo por lo que sería mejor no enamorarse. A este tipo de personas, los amigos suelen decirles: «Al final, eres muy pretencioso, nada te viene bien». No se trata de conformarse con cualquiera, pero sí de entender que no existe la persona ideal. Existe el idóneo.

Debemos actuar como la esposa de Pepe:

> ...que deseaba tener un animal doméstico que le hiciera compañía, de modo que se compró un mono. A Pepe no le gustó demasiado.
> — ¿Que le vas a dar de comer? —preguntó.
> — Exactamente lo mismo que comamos nosotros —respondió la mujer.
> — ¿Y dónde va a dormir?
> — Con nosotros, en nuestra misma cama.
> — ¿Con nosotros? ¿Y qué pasa con el olor?
> — Si yo puedo soportarlo, supongo que el mono también.
>
> (*Anthony de Mello. La oración de la rana*)

Los narcisistas

Narciso era un hombre bello, tanto que estaba enamorado de sí mismo. Cuenta la leyenda que tanto le gustaba contemplar su rostro en el río, que un día quizá verse más de cerca, que se cayó y se ahogó.

Hay personas que no pueden encontrar pareja porque buscan encontrar en el otro *a sí mismas*: «Que piense como yo», «Que sepa lo que me gusta», «Que adivine cuando estoy enojada».

Personas que se escuchan a sí mismas, no al otro:

Una pareja celebraba sus bodas de oro, y estuvieron todo el día de fiesta con cantidad de familiares y amigos que acudieron a felicitarle. Por eso se sintieron aliviados cuando, al anochecer, pudieron quedarse solos contemplando la puesta de sol y descansando del ajetreo de todo el día. En un determinado momento, el anciano se quedó mirando afectuosamente a su mujer y le dijo:

— Querida, estoy orgulloso de ti.

— ¿Qué has dicho? —Preguntó la anciana—. Ya sabes que soy un poco sorda. Habla más fuerte.

— ¡Estoy orgulloso de ti!

— Me parece muy lógico —dijo ella con un gesto despectivo—. También estoy harta de ti.

Escuchar no consiste tanto en prestarle atención a los demás sino a nosotros mismos, y saber qué esperamos del otro. Solo entonces podremos saber si el otro realmente puede y quiere darnos eso o no.

Si buscas tu ayuda idónea, recuerda:

1. Tienes que identificar el problema. Lo más importante en tu vida no es casarte sino poder gozar la vida. Cuando lo logras, te vuelves una persona mucho más atractiva, y esto atraerá a la persona que Dios tiene preparada para ti.
2. Tienes que saber que hay una *persona indicada* para ti, que aún no has encontrado, o que aún no es el *momento indicado* para hallarla.

3. Desarrolla una identidad autónoma, que sepa valerse de sí misma. No pretendas agradar a todo el mundo; eso es imposible. Rompe con la dependencia hacia vínculos que han servido en el pasado, pero que en el presente solo actúan como una seudo seguridad, que no te dejan conquistar nuevos horizontes.

4. Abandona la actitud de víctima. Tienes que hacer algo diferente: reordenar tus prioridades, quedarte en casa y salir siempre con amigos no suele ser a esta altura una buena opción. Seguir lastimándote con la persona que siempre lo hizo, pero que es la única que está allí, tampoco es la mejor opción. La ansiedad solo se vence con práctica, con ensayo y error.

5. Abandona la actitud de superado(a). No pienses que te las sabes todas.

6. No pretendas ser lo que no eres. En la película *Novia Fugitiva*, la novia se la pasaba huyendo del altar, porque siempre que había conocido a alguien intentaba conquistarlo haciendo lo que al otro le gustaba, o lo que creía que le gustaba. Y bueno, ¿cómo soluciona el problema? Estando con él mientras hacía cosas que a ella le gustaban, sin negarse a sí misma.

7. Cuando encuentres a tu conyugue, disfruten de la sexualidad.

CAPÍTULO DOS

¿Sexualidad normal?

Vivimos en un mundo invadido por información proveniente de los medios de comunicación, que nos enseñan qué es lo que debemos hacer y qué no. Sin embargo, ¿los medios enseñan o informan? Y si enseñan, ¿lo que difunden es lo que la mayoría hace o es lo que nos dicen que debemos hacer para ser «normales», iguales a los demás? Por último, ¿a quiénes nos dicen que debemos parecernos? ¿Iguales a quién?

Hoy, muchas de las personas que llegan al consultorio por un asunto sexual están preocupadas por saber si su sexualidad es «normal». Quieren saber *si la frecuencia* es la adecuada, es decir, si tienen cantidades de relaciones iguales a los demás. Les urge saber *si el tiempo* que dura el encuentro sexual está adaptado a la «norma». Y si es normal, necesitan saber si *la cantidad de orgasmos* que tienen es igual a la de los demás o si en realidad están padeciendo un síntoma sin saberlo, tal vez porque en la última reunión con los amigos siempre habla el supuesto experto que hace sentir a los demás que no saben nada y que hacen todo mal. Estos «expertos» no dan cuenta de un saber acabado y técnico, solo hablan de un saber contaminado por la cultura machista en la que vivimos, una que practica y enseña un sexo de competencia y de conquista.

Y en realidad en sexualidad es muy difícil hablar de normal. Es complejo definir qué es lo que está bien, si de *tiempo, frecuencia y cantidades de orgasmos* se trata, ya que lo que puede ser normal para alguien, no lo es para otro. Por ejemplo, hay parejas que relatan tener sexo todos los días, mientras que otras pueden estar muy satisfechas con hacerlo una vez cada quince días o una vez por mes. De igual modo, hay mujeres que relatan tener un orgasmo en el mismo momento que son penetradas por su marido, mientras que otras requieren más dedicación y atención para alcanzar ese tan esperado momento. Además, estamos acostumbrados a pensar en la sexualidad como algo que se da de forma instintiva y automática, como otras funciones biológicas, así como la respiración. Respiramos y punto, no tenemos que pensar para ello. Sin embargo, mantener sexo con alguien es un poco más complejo, e intervienen varios aspectos como por ejemplo:

- Enseñanzas que recibimos en nuestra infancia y cómo fueron las relaciones con nuestros padres.
- Primeras experiencias sexuales y cómo las vivimos.
- Formas en que interactuamos con otros en nuestra adolescencia y si fuimos exitosos o no.
- Nuestra salud física y emocional.
- La relación con nuestro cónyuge.
- El cansancio, los hijos, el trabajo.
- La ansiedad, entre otros.

Para hablar de normalidad, en primer lugar hay que entender qué es normal. Según el diccionario, es «lo que se halla en estado natural. Lo que sirve de norma o regla». De esta definición se pueden sacar *dos ideas*. La primera, que *el sexo se debe dar de forma natural,* no con presión, coerción, o como una forma de obtener beneficios. Este es el primer error en el que incurren muchos participantes de la sexualidad: pretenden relacionarse sexualmente al obligar al otro(a), o como ya sabemos que sucede, con la fórmula premio-castigo: «Te portas bien, entonces hoy te toca», «No hiciste lo que te pedí, entonces... ¡hoy me duele la cabeza!» Hay que tener en cuenta que *relaciones* sexuales es justamente eso, *relaciones.* Y relacionarnos con nuestro cónyuge es una forma de comunicarnos, de expresarnos, de mostrar lo que se siente y se piensa por el otro. La segunda idea tiene que ver con *qué norma o regla tomamos para definir la normalidad sexual*, ya que estamos acostumbrados a que la norma está establecida por la cultura. Pareciera ser que *lo normal* es lo que la mayoría dice que debemos hacer, y lo aceptamos pasivamente: todos repiten lo mismo, y no puedo pensar distinto. De ahí que en cualquier película vemos que los personajes que se acaban de conocer terminan en una cama, tienen orgasmos «extraterrestres», y de forma automática comparamos ello con lo que hay en casa, y obviamente, sorpresa, ¡no es igual! ¿Qué creen que piensan todos? «¡Soy un fracaso! A mí con la mitad de eso me alcanzaría».

Cuestionar la fuente

La mayoría de las cosas que los hombres aprenden sobre el sexo se dan por fuentes no autorizadas como vestuarios, material de lectura «para adultos», internet o televisión, mientras que históricamente las mujeres lo hacen de sus maridos, además de sus grupos de amigas. En el caso de los hombres, la información contiene un margen de error del noventa y ocho por ciento, además de estar mezclada con el «factor Hollywood». Dicho factor es aquel que mencionábamos antes: si lo muestra la televisión, es verdad; donde además las formas, tiempos, frecuencias y cantidades están exageradas, adaptadas, así como cuando una novela escrita se hace película a través de una adaptación, de lo contrario, aburre a todo el mundo. Es interesante el poder que tiene todo ello en hacernos creer que esa es la verdad y, por ende, en causarnos síntomas sexuales.

¿Qué dicen las encuestas?

Hay encuestas que afirman que el 70% de los hombres presentan o presentarán un síntoma sexual en su vida, es decir, 7 de cada 10 hombres (ver gráfico 1). Para el caso de las mujeres, el porcentaje de aparición de síntomas estaría en un 65%.

Sin embargo, lo llamativo es que juntos, es decir, si tenemos en cuenta estas estadísticas, estaríamos hablando de que el 95% de las parejas tuvieron, tienen o tendrán algún síntoma sexual. Interesante, ¿verdad?

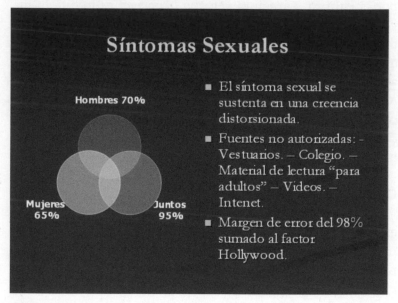

Gráfico 1
Fuente: (William Cutrer, M.D. y Sandra Glahn, *Intimidad y sexualidad en el matrimonio*)

El buen acto sexual es rápido

Hoy se sabe que un acto sexual, para ser considerado bueno, solo debe durar unos minutos, no largas horas. Esto es contrario a lo que se piensa.

Unos investigadores de la Universidad de Penn State, en Pensilvania, hizo una encuesta con miembros estadounidenses y canadienses de la Sociedad de Investigación y Terapia Sexual, y llegaron a la conclusión de que un buen acto sexual debe durar entre 3 y 13 minutos.

Una encuesta publicada en el Journal of Sexual Medicine [Revista de Medicina Sexual] mostró que un acto sexual «adecuado» dura de 3 a 7 minutos; uno «deseable», de 7 a 13 minutos; uno «demasiado corto», de 1 a 2 minutos; y uno «demasiado largo», de 10 a 30 minutos

Es importante conocer estas encuestas, ya que nos ayudan a normalizar nuestra propia sexualidad, y lo que para muchos fue un problema, deja de serlo.

Otras encuestas realizadas sobre el tema indican que «solo un 14% de los varones querría que su coito durara menos de 10 minutos. Al 50% le gustaría aguantar por lo menos media hora y un 36% no se queda conforme si eyacula antes de la hora. Las mujeres también fantasean con relaciones más largas, sin contar los preliminares. El 52% de ellas no se queda conforme con menos de 30 minutos de placer en la cama; el 29% es aun más exigente y pide 60 minutos, mientras que solo un 18% acepta de buena manera durar menos de 10 minutos».

A esto hay que agregar que muchos hombres y mujeres padecen y creen en la fantasía de los penes enormes, las erecciones duras y el acto sexual de toda una noche, que puede comenzar una y otra vez.

Por último veamos lo que el Dr. William Cutrer, M.D. señala en su libro *Intimidad sexual en el matrimonio*:

«Vemos que el varón tiene su punto máximo de excitación a los 4 ó 5 minutos de iniciado el coito (a veces esto sucede durante el juego previo) y por norma estadística, es decir, según indican las encuestas, termina eyaculando (orgasmo) a los 6 minutos (ver gráfico 2). A diferencia de la mujer, que en esa etapa a penas está pensando en: "¡Que buena idea la de tener sexo!" La mujer, por norma estadística, necesita un poco más de tiempo de estimulación: alcanza el orgasmo alrededor de los 15 ó 16 minutos, con el ingrediente de poder mantener un nivel de excitación, y luego volver a experimentar un orgasmo, es decir, tener sensaciones orgásmicas repetidas, para luego, perderse en la relajación absoluta. En otras palabras, la mujer puede tener uno o más orgasmos: es multiorgásmica. El varón, por su parte, es uniorgásmico; es decir, solo puede tener un orgasmo por relación sexual».

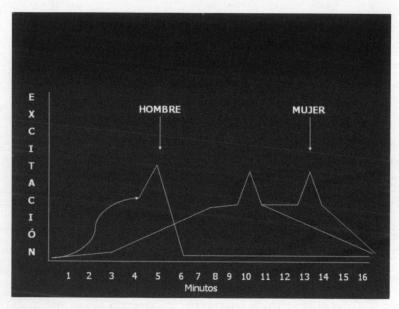

Gráfico 2
Fuente: (Lic. Omar Hein)

No tenemos que buscar parecernos a los demás sino tomar nuestra relación sexual justamente como eso, como una *relación* con la persona que amamos, como un lenguaje distinto a través del cual nos comunicamos. Y recordar «que lo importante no es ganar... sino participar».

CAPÍTULO TRES

Lo que todos deberíamos saber sobre el sexo

Había una vez...

Había una vez una bella princesa, que vivía en un hermoso palacio rodeado de un bosque encantado. Un día, la princesa decidió salir a dar un paseo por el bosque. Ese paseo habría sido como de costumbre, de no ser porque encontró en su camino un sapo que, al verla pasar, exclamó:

— ¡Buenos días, bella princesa!

Tan pronto pudo recuperar el aliento, por el susto que se había dado, la princesa preguntó:

— ¿Cómo es posible que un sapo hable?

El sapo, sin ánimos de espantarla, respondió:

— No se asuste, bella princesa, soy un príncipe como usted, pero hace mucho tiempo, en este mismo bosque, una bruja malvada realizó un hechizo sobre mí, y desde entonces me he transformado en sapo, verde y feo. Y dicho embrujo solo se romperá el día que una princesa como tú crea en mi palabra y me lleve a su palacio, y me permita pasar en él tres días y tres noches. Al cuarto día volveré a ser el apuesto príncipe que fui.

La princesa, al escuchar este relato, creyó en él y lo cargó hasta el cuarto de su palacio, y acondicionó un buen lugar para su nuevo amigo. Como era de esperarse, el rumor corrió rápido por todo el reino, y la gente comenzó a murmurar:

— ¿Cómo es posible que una princesa tan bella pueda amistarse con un sapo tan feo?

— Es más —comentaban otros—...hasta parece que planea casarse con ese animal.

La princesa, sin hacer caso a los rumores, permaneció junto a su «asqueroso sapo».

Y lo que tenía que suceder, sucedió: al cabo de tres días y tres noches el asqueroso sapo se transformó en un agradable y apuesto príncipe.

Muchas veces, cuando alguien se casa, con el correr del tiempo se da cuenta de que en realidad lo hizo con un «sapo» en vez de con un apuesto príncipe, o con una bella princesa, y no pasa mucho tiempo cuando, de repente, descubre que la amada se parece más a un «sapo» que a una princesa. La idea es que con el paso del tiempo vayamos transformando ese «sapo» en el que nos hemos convertido en un apuesto príncipe o princesa que Dios a puesto dentro.

Por lógica, cuando una pareja casada comienza a tener relaciones sexuales, las hacen sin experiencia, como pueden, con errores y desaciertos. Razón por la cual no es raro que terminen sintiéndose como el «sapo» del cuento. Y solo con el correr del tiempo van adquiriendo experiencia, y logran que las relaciones soñadas se vuelvan realidad.

La experiencia sexual no es con uno y luego otro sino con la misma persona a lo largo del tiempo

La sociedad nos quiere hacer creer que un individuo tiene experiencia sexual cuando ha estado con muchas personas del sexo opuesto en intimidad sexual, cuando la verdadera experiencia es estar con una misma persona a lo largo del tiempo.

El sexo es un lenguaje; es una forma de comunicarnos con la persona que amamos. Entonces, cuanto más se practica dicho lenguaje, cuanto más se ensaya, más entrenado se está y más experiencia sexual se alcanza.

¿Relación sexual es pene dentro de vagina?

La relación sexual, como la palabra lo indica, es una relación, un vínculo: es más que un contacto genital. Habitualmente nos han enseñado que la relación sexual es coito; es decir, el pene del varón dentro de la vagina de la mujer. Esto es lo que en líneas generales se ha enseñado sobre una relación sexual, pero ello es un vínculo que un varón tiene con una mujer, una forma de relacionarme entre sí. Y como ya se dijo antes, es un lenguaje que nadie conoce sino la pareja, pues es la experta que puede descifrar y decodificar los códigos de este lenguaje. Esta relación sexual puede empezar a la mañana, temprano, al llamarla por teléfono y preguntarle cómo está o al llevarle el cafecito a la cama o al lavarle los platos.

A veces los hombres ni lavan los platos, ni la llaman por teléfono o lo hacen una vez al mes y creen que con eso es suficiente para lograr convencerla, pero lo que obtienen como respuesta es nada. Y esto sucede porque los hombres somos muy parcos cuando pedimos sexo, muy clásicos, hacemos poco y queremos el premio mayor. El varón puede estar ocupado todo el día en su trabajo y ni siquiera acordarse de que era el cumpleaños de su suegra, y que debía pasar a saludarla, o que le había prometido que la llevaría a hacer las compras, y olvidó buscarla. Y frente a la negativa sexual de su esposa responde con asombroso: «Yo que hice... al final, nadie me entiende. Yo trabajé todo el día para vos y esto es lo que recibo».

La relación sexual es mucho más que coito, por eso muchas parejas de novios me preguntan: «¿Hasta dónde podemos llegar? ¿Qué está bien y que está mal?»

Una relación sexual es justamente eso, una relación con el otro a través del sexo. *Todas* las formas que tengo para relacionarme a través del sexo son *relaciones sexuales*. El coito es solo una parte de todo ello, porque abarcan mucho más que dicha acción. Este concepto ha sido y es una de las cosas peor entendidas por los jóvenes que creen que relación sexual es coito. Por ende, muchas parejas jóvenes realizan prácticas sexuales mientras no están teniendo sexo porque no tienen coito.

Conozco parejas que incluso han concebido hijos pensando que no estaban manteniendo una relación sexual, simplemente porque no tenían coito.

Hace muchos años, una mujer casada me contó que tenía problemas con su marido y cuando le pregunté cómo estaba su relación sexual, ella dijo: «¿Relación sexual? No, porque de acá para abajo es pecado».

En otra oportunidad vino a verme una pareja, cuya mujer se quejaba de que padecía de una picazón que le recorría toda su espalda y le llegaba hasta sus talones, sobre todo cuando mantenían relaciones sexuales. Cuando indagué cómo se habían conocido y cómo fueron sus comienzos sexuales, ambos me aseguraron que no habían mantenido relaciones sexuales antes del matrimonio. Sin embargo, ante la insistencia del síntoma, volví a indagar, y fue entonces que contaron, con algo de vergüenza, que las habían practicado, con penetración anal. Ambos sentían que no estaban haciendo lo correcto, ya que pretendían llegar vírgenes al matrimonio. Pese a ello, mantuvieron estas prácticas porque ambos estaban convencidos que esto no era una relación sexual; creían que solo era la penetración por la vagina.

Lo interesante del caso fue ver cómo la culpa inconsciente que sentía esta mujer la llevó a tener síntomas físicos al momento de practicar una relación sexual con su esposo. Esta pareja estaba convencida de que no había practicado relaciones sexuales antes del matrimonio, pero evidentemente el cuerpo de ella expresaba otra cosa.

Relación sexual es mucho más que genitalidad

¿Por qué creemos que la relación sexual es genitalidad? Porque la sociedad es machista y como tal han sido los varones los que han definido qué es y no es sexual, qué se hace y qué no se hace. A los hombres lo que más les interesa no son justamente los actos preliminares sino consumar el hecho, de allí que como sociedad machista hemos definido la sexualidad como pene dentro de vagina. Sexualidad es mucho más que eso; es agarrar la mano y saber que nos pasa algo, y que nos ex citamos al hacerlo. Por ello es importante saber qué me pasa, para poder elegir qué quiero hacer con ello. Y algunos dicen: «¿Por qué cree que no nos agarrábamos las manos? Porque si un señor tiene a su lado a una señora que está más o menos «buena» y la toma de la mano y sucede que siente cosas, pasa a ser un pecador inmundo, asqueroso».

Al decidir estoy eligiendo qué sentir

Ahora bien, el problema no está en lo que siento sino en lo que hago con ello. Siempre que agarras la mano de alguien te van a pasar cosas. Es imposible que no sientas algo, porque hemos sido creados con terminaciones nerviosas. El problema que hemos tenido ha sido que, por mucho tiempo, se ha negado lo que sentimos, porque nos han enseñado a llamarlo pecado. La pregunta que surge es: «¿Por qué es pecado lo que surge instintivamente?» Dios puso ese sentimiento como una señal que me indica algo. No para que lo neguemos sino para que, al darnos cuenta que estamos sintiendo algo diferente por la persona que tenemos al lado, podamos ser lo suficientemente responsables para actuar como corresponde. ¿Esto qué significa? Bueno, que si otro ser humano me despierta un sentimiento de atracción, no estoy pecando; es solo eso, atracción, y debo ser responsable en manejarlo de forma correcta. En la práctica significa que si esta persona no nos corresponde porque, por ejemplo, está casada, deberíamos simplemente no buscar estar a solas con ella, o no intentar seducirla, o no intentar ser mejor marido que su propio marido, o mejor mujer que su propia esposa.

Pensemos por un minuto en el sentimiento de atracción entre dos jóvenes solteros. ¿Qué mejor señal que la de darse cuenta que se sienten atraídos el uno por el otro? Esto posibilita que busquen establecer un noviazgo. Ninguno debería pretender una «revelación del Espíritu Santo» para ser novios, claro está que esto a veces sucede, pero no es lo habitual.

Con frecuencia en el consultorio atiendo a jóvenes que protestan por su avanzada edad y por qué Dios «no les ha provisto de una pareja». ¡Eso no es responsabilidad de Dios sino de nosotros!

Sin embargo, ¿cómo encontraremos al amado si ni siquiera nos permitimos sentir, con libertad, los sentimientos que nos despiertan las demás personas? Ellas generalmente se quejan de que nadie alcanza a reunir sus expectativas, que nadie termina de gustarles por completo. Y este no es solo el problema sino que hemos aprendido tanto a reprimir nuestras sensaciones, que las hemos denominado pecado y ni siquiera las reconocemos cuando aparecen.

Por otro lado, cuando una pareja se casa, también está acostumbrada a negar y reprimir las sensaciones. De ahí que nadie se da cuenta cuándo comienza a recorrer el camino de la seducción, y el posterior engaño. Y todo porque no reconocen las sensaciones agradables que despiertan otros seres humanos. Y claro que en este punto ya existe conflicto; es por esto que Dios ha puesto en nosotros las sensaciones, *para darnos cuenta de las mismas y hacer lo correcto.*

Dios ha puesto sensaciones en nosotros para darnos cuenta de las mismas y hacer lo correcto

El ejemplo más claro de esto es cuando escuchamos cómo definen la infidelidad aquellos que confiesan haberla practicado:

«Caí en pecado, caí en infidelidad».
A lo que siempre respondo:
«¿Cómo es eso? ¿Ibas desnudo por la vida y alguien te puso la pierna para que cayeras justamente encima de ella, que "casualmente" también estaba desnuda?».

Este es un buen ejemplo de cómo intentamos ser irresponsables, y reconocemos al mismo tiempo que no somos conscientes de cómo se ha llegado hasta allí.

El problema no es lo sentimos sino lo que hacemos con ello.

Sentimientos primarios y secundarios

Muchas veces, estos sentimientos son primarios, y un sentimiento así es lo que primero aparece. Por ejemplo, si enciendo un fósforo y me quemo, me duele. El dolor es un sentimiento primario, así como la atracción. Si se insiste en permanecer en ello, dejará de ser primario, y dicha atracción pasará a ser deseo, es decir, un sentimiento secundario. Sin embargo, como se nos ha enseñado a negarlo, se reprime la sensación, se la manda al fondo del inconsciente y el individuo sigue «duro» como si nada hubiera pasado, y todo porque lo negó. Y al hacerlo, este individuo se sigue relacionando con la señorita en cuestión, y un buen día «cae» en infidelidad. Pero no, no cayó en infidelidad sino que le pasaban cosas desde hace meses atrás y, de repente, un día esto se volvió incontrolable: lo que en un momento fueron sentimientos controlables se volvieron incontrolables.

Ahora bien, relación sexual puede ser un beso apasionado. Esto puede ser considerado técnicamente una relación sexual. Sin embargo, no quisiera que los jóvenes novios pierdan el erotismo, ya que suficiente tenemos con que muchas veces las parejas lo pierden cuando se casan. Si una pareja de jóvenes descubre que su beso apasionado ha dejado de ser una demostración de cariño y amor y ha pasado a representar un acto sexual, tal vez lo único que deberían hacer sería tomar consciencia y hacer algo con ello.

Disfunciones sexuales

A los problemas sexuales también los llamamos disfunciones sexuales. Cuando percibimos que permanece un problema sexual, estamos hablando de una disfunción sexual o síntoma sexual. Un síntoma sexual es aquel que no me permite disfrutar con plenitud de lo que fue creado para disfrutar. La sexualidad es maravillosa, pero cuando no se la puede disfrutar, hay algo que no está bien. Hay relaciones sexuales con las que «se toca el cielo con las manos», pero otras en las que se piensa: «¿Y esto qué fue?» Eso nos pasa a todos... todo el tiempo.

Sin embargo, esto no quiere decir que haya un síntoma, pero cuando esto sucede una cantidad importante de veces o por un tiempo prolongado, tal vez suceda que estamos en presencia de una disfunción sexual.

El síntoma

Se puede manifestar como un *pensamiento*: «Me va a doler, me va a doler», «El sexo es feo», o una *idea distorsionada* como: «Es pecado, es sucio, es horrible... en el sexo siempre hay algo de pecado», o alguna *manifestación física* (dolor).

Otro aspecto importante es que *lo que para una pareja puede ser un síntoma, para otra no lo es*. Cuidado con las definiciones comunes. Supongamos que si un varón padece de eyaculación precoz y a su esposa nunca le molestó, no somos quiénes para iniciarle un problema.

Es típico que en los grupos, cuando comienzan a hablar de sexo, aparezcan el o los expertos que se ponen a contar y contar, cuando de repente alguien con mucha timidez dice:

«A mí me pasa eso que estás diciendo».

«¿¡Verdad!? Eso es un problema. Tienes que consultarlo con alguien».

Y resulta que para esa persona, para esa pareja, eso nunca fue un problema. ¡Así que cuidado con los «expertos»!

Hace un tiempo atendí en consulta a un joven que vino porque padecía de eyaculación precoz. El muchacho penetraba a su chica y, al tercer movimiento, inmediatamente ella tenía su orgasmo, y luego él también. Le pregunté:

«¿Cuál es el problema?»

«El problema —decía él— es que si quiero estar con otra chica, tengo miedo de que me pase lo mismo».

Él, en su relación con ella, no tenía dificultades, ya que lograban alcanzar juntos el clímax. Su síntoma era el temor al «qué dirá» otra chica, a la que no conocía.

Si bien es cierto que este joven tenía dos problemas, el de la eyaculación precoz y el querer ser infiel, sirve como ejemplo para entender que lo que en una pareja no constituía ningún problema, en otra sí, y ese era su temor, ese era su problema. Esto no quiere decir que la ausencia de síntomas signifique ausencia de problemas. Hay enfermedades que no tienen síntomas; es decir, que aunque no hay síntomas, las enfermedades están allí.

Siempre es bueno preguntar al momento de llevar los problemas a una consulta: «¿Por qué se busca ayuda ahora y no antes? ¿Por qué ahora y no después?» La pareja viene a consultar porque algo le pasó. El síntoma estaba hace mucho tiempo, pero solo hasta ese instante le empezó a molestar, y fue por algo, quizá porque los hijos se fueron del hogar o porque hay un tercero en discordia, o simplemente porque hay luz sobre esa área del individuo.

El síntoma sexual no es pecado

Otro punto muy importante es que *el síntoma sexual no es pecado*. Como decíamos antes, el síntoma sexual, según algunas estadísticas, se da en el 70% de los hombres, en el 65 % de las mujeres, y juntos hacen un 95% de las parejas, que tienen, tuvieron o tendrán un síntoma sexual. Es decir, todos lo tuvimos, lo tenemos o lo tendremos. El síntoma sexual no es pecado; es un síntoma como cualquier otro, que muchas veces habla de alguna situación particular de nuestras vidas, como por ejemplo la pérdida de trabajo, que genera disfunciones en el deseo, porque estoy angustiado por lo acontecido y no tengo deseos de tener sexo.

El complejo del *boy scout*

Otra de las frecuentes creencias distorsionadas en la que se sustentan síntomas sexuales es la del «*complejo del boy scout*», cuyo lema es «*Siempre listo*». El marido cree que tiene que poder, que siempre tiene que poder, que no existe la posibilidad de estar cansado, o simplemente de no tener ganas, porque si no puede, se van a reír de él y lo van a abandonar; es decir, «se buscará a otro» (o la idea de que si se le dice que no a una mujer, es sinónimo de homosexualidad). Por lo tanto, se obligan a poder, se ponen ansiosos, y menos pueden y hacen lo que no deben: intentar agradar a su esposa, en lugar de buscar disfrutar un momento placentero.

Estas y otras creencias erróneas y equivocadas son las que luego generan un nivel de exigencia que contribuye a la aparición de los síntomas. Por lo general, estas se transmiten oralmente y están sustentadas por fuentes no autorizadas: vestuarios, colegios, material para adultos. Por ejemplo, es muy común que en los gimnasios los hombres anden como Dios los trajo al mundo y se comparen la longitud de su miembro (el tamaño del pene), y entonces aparecen mitos (que veremos más adelante) como el del pene corto o comparan los relatos que escuchan (donde casi siempre hay una idea distorsionada) con las experiencias personales y, al comprobar que existen diferencias entre los relatos y la experiencia personal, surgen los síntomas de angustia y ansiedad, los cuales aumentan la propensión a padecer sexualmente. Los síntomas sexuales están sustentados en creencias que tienen un margen de error del noventa y ocho por ciento. Muchas veces, la gente tiene ideas que parecen lógicas porque el procedimiento de pensamiento es adecuado, pero la conclusión es falsa. Veamos un ejemplo: «Como Gerardo me engañó y es hombre, todos los hombres engañarán. ¡Así que mejor me quedo sola!»

Aunque al anterior pensamiento se construye de forma lógica, su conclusión es falsa. No hay necesidad de quedarse sola porque un hombre la engañó sino que hay que buscar otro hombre. El problema es Gerardo, no el género masculino. También aparece el *factor Hollywood*, ya mencionado antes, que se ve en las películas y en la televisión. El chico recién conoce a una chica, y terminan ese mismo día en el cuarto del hotel, ella grita de placer y él, extenuado, se fuma un cigarrillo. La idea que nos venden es que no hubo problemas, que no hay olores, que no tienen la necesidad de realizar la higiene post coital, que los problemas no existen, o que para ser como ellos no habría que tener problemas. Todo parece maravilloso y nos preguntamos: «¿Cómo lo hacen?» Después, cuando uno va al matrimonio, busca esto, pero los gritos no se dan, él no la trata a ella como el de la novela y claro, se frustran con el resultado lógico: aparecen los síntomas sexuales. Más del ochenta por ciento de los casos de problemas sexuales tienen que ver con creencias distorsionadas, equivocadas, mentiras, verdades a medias, y hasta me atrevería a decir que ese porcentaje podría ser mayor. Sin embargo, solo hay un pequeño porcentaje asociado a lo orgánico, como una diabetes, hipertensión, la mala medicación, el desgaste arterial por lo años, y otros. Estos síntomas sexuales se denominan disfunción orgánica. No obstante, el factor psicológico es determinante en dichas personas, ya que un sujeto puede tener alguno de estos padecimientos y no presentar un síntoma sexual, debido a que psicológicamente se encuentra bien. Tales síntomas están relacionados a cómo funciona nuestra mente (a través de lo que conocemos). Por lo tanto, es importante conocer «la verdad», o al menos gran parte de la misma, sobre todo en los temas que competen a este libro.

CAPÍTULO CUATRO

Parte 1: La Biblia y la sexualidad

La Biblia habla mucho sobre la sexualidad. Hay libros con alto contenido erótico como el Cantar de los Cantares, donde el escritor hace un relato erótico basado en una historia de amor, en la que se respetan los principios espirituales que Dios diseñó para el ser humano. Ya que cuando leemos la Biblia, vemos que es muy clara, y Dios no ha dejado este tema de lado, pues se ha encargado de mostrarnos las cosas que se pueden y no se pueden hacer (y lo que sí se puede hacer lo aclara más de una vez). Podemos ver muchos conceptos de sexología que no se enseñan o se enseñan mal, a pesar de que la Biblia es clara al respecto. Y lo que aprendemos mal, lo trasmitimos creando falsas verdades, que van sesgando nuestra sexualidad y la capacidad para disfrutarla a plenitud.

Los cristianos tenemos la responsabilidad de aprender y enseñar sobre sexualidad

Durante mucho tiempo hablar de sexo en las iglesias era considerado poco espiritual, o se creía que hacerlo era enseñar a los jóvenes sobre reproducción, y sobre todo lo que «no» hay que hacer antes del matrimonio, pero nadie nunca nos enseñó sobre lo que «sí» hay que hacer. Se da por supuesto que la pareja de jóvenes debe saber qué hacer en la noche de bodas, cuando en realidad entre los cristianos no suele ser ese instante su primera vez, sea porque la tuvieron antes o porque el nivel de ansiedad que despierta la sexualidad no les permite llevar a cabo ese maravilloso acto. En muchos casos también sucede que la pareja está condicionada de tal forma por las creencias erróneas o distorsionadas, que lo que espera que sea una experiencia mágica termina siendo una película de terror. Por tal razón, es importante que sepamos de sexualidad; de lo contrario, la cultura y las modas nos determinarán sobre lo que debemos pensar y aceptar al respecto, lo cual muchas veces es pagano o perverso. Los cristianos, por no saber o conocer del tema, terminan aceptando como válida la opinión de alguien sin temor de Dios, y «tragándose un elefante» por desprevenidos.

El evangelio del «no»

Estamos acostumbrados al evangelio del «no»: no bailes, no fumes, no tomes alcohol, no uses faldas cortas, y bueno, la sexualidad no ha sido la excepción. Se nos ha enseñado y dejado bien en claro que no debemos masturbarnos, que no debemos tener sexo antes del matrimonio, que no debemos tener sexo fuera del matrimonio, pero no se nos ha enseñado, por ejemplo, cuándo estamos o no teniendo una relación sexual. Suele pasar que muchos se preguntan: «¿Por qué los jóvenes no tienen en cuenta a Dios?» Parte de la respuesta es que nos hemos encargado de mostrarlo como alguien represor, malo, que está atento al primer error que cometamos para descargar toda su ira sobre nosotros, con castigos y enfermedades.

Un joven cristiano católico hace poco me dijo:

«Por algo será que mi eyaculación es rápida. Dios así lo quiso y si Dios así lo quiso, ¿por qué lo tengo que cambiar?»
«Hay que cambiar —le respondí—, porque esto es un síntoma, y porque tu esposa está cansada de pedirte que hagas algo y hasta ha pensando en abandonarte».

La idea que está detrás de todo ello es primitiva. En la antigüedad, la gente creía que todo lo que sucedía era porque Dios lo determinaba así. Hoy sabemos que Dios es amor y que no «mandará» una enfermedad a su hijo para que aprenda. Es un tanto ingenuo pensar que un padre de nuestros tiempos quebraría el brazo de su hijo para enseñarle la lección de que no debía haber tomado los lápices de su compañero de colegio. De la misma manera, Dios no nos «mandará» una desgracia para castigarnos. Los acontecimientos negativos son parte de la vida y los que practicamos la fe no estamos exentos de los mismos.

Hace un tiempo, cuando hablaba con una madre que me decía que se sentía culpable de que su hija tuviera problemas neurológicos de nacimiento, le pregunté:

«¿Por qué se siente responsable por algo que es congénito?»
«Es que Dios me castigó —me respondió—, porque me hice novia de un chico que no era cristiano y, durante esos cinco años, sostuvimos relaciones sexuales. Y ahora que nos casamos, nuestra hija nació así».

¡Dios no hace esto! Pensar que un problema neurológico tiene como causa un pecado es sencillamente erróneo. Sí es cierto que nuestra manera de actuar siempre genera consecuencias y que muchas veces las adversidades que vivimos son producto de nuestra desobediencia hacia Dios. Por ejemplo, si un esposo decide engañar a su cónyuge y comete adulterio y contrae VIH, este síndrome no es el resultado del castigo de Dios sino la consecuencia de sus actos: es el resultado de mantener una relación sexual con alguien contagiado del virus, sin usar los medios adecuados de protección.

Sin embargo, nos han enseñado mal acerca de Dios, nos han predicado el evangelio del «no» a través de un Dios rígido y anticuado, que pareciera que no comprende las «necesidades» de sus criaturas. Y así no actúa Dios, porque él es amor, es maravilloso, como el buen Padre que está listo para ayudarnos y favorecer nuestras vidas. La Biblia dice: «La bondad y el amor me seguirán todos los días de mi vida» (Salmo 23:6).

Cuando Jesús estuvo en la tierra, dijo: «El reino de los cielos está cerca» (Mateo 3:2; 4:17; 10:7) y agregaba que «recorría todos los pueblos y aldeas enseñando en las sinagogas, anunciando las *buenas nuevas* del reino» (Mateo 9:35, énfasis añadido). Noten ustedes que el evangelio no se trata de las *malas* nuevas. No es lógico pensar que Dios creará algo tan maravilloso como la sexualidad para luego señalarnos con un dedo cada vez que nos disponemos a disfrutar de su creación.

¿Es pecado el sexo oral o anal?

En cada charla que doy sobre sexualidad me peguntan si el sexo oral o anal es pecado. Por la razón que decíamos antes, nos enseñaron que no hay que hacerlo, pero nadie nos dijo por qué; o han usado argumentos poco convincentes que no han satisfecho y que lo único que han logrado es aumentar el nivel de represión y culpabilidad a la hora de disfrutar de nuestra sexualidad; o que algunas parejas se permitan algunas variantes, para luego sentirse culpables y condenadas; o lo que es peor aún, muchos matrimonios viven una sexualidad apagada y monótona durante años por temor a equivocarse o a hacer algo que esté «fuera» del plan de Dios, hasta que un día la represión y el cansancio los llevan a saciar sus fantasías fuera del matrimonio, caen en adulterio, y allí sí se permiten vivir experiencias creativas, y como es de esperar, resultan mucho más satisfactorias que las practicadas aburrida y monótonamente en el matrimonio.

Hace unos años atrás vino a verme un hombre al consultorio, al que llamaré Juan. Él tenía casi cincuenta años, una familia feliz y un matrimonio bueno dentro de los parámetros cristianos. Amaba a Dios profundamente, pero mantenía una relación sexual matrimonial disfuncional, sintomática, nada placentera, esporádica, rápida y aburrida (como si se tratara de diligenciar todos los síntomas descritos en un formulario). Un día, casi sin darse cuenta, se involucró en una relación sexual extramatrimonial, y este fue el problema por el cual vino a verme. Sabía que estaba mal, que debía cambiar esa realidad, que amaba a Dios y a su familia, pero las sensaciones sexuales que le despertaban estas relaciones extramatrimoniales eran tan intensas que no le permitían alejarse de todo ello. Me decía: «Muchas veces, cuando estoy con ella (se refería a su amante), termino el acto sexual y estoy llorando, porque pienso: "¿Por qué no puedo vivir esto en mi matrimonio?"»

Juan pudo restaurar su matrimonio y sus relaciones sexuales. Lo último que supe de él fue que seguía disfrutando de su matrimonio y su familia.

Por lo tanto, debemos ser creativos en nuestro matrimonio y disfrutar de la sexualidad, porque Dios la creó así y porque espera exactamente eso, que la disfrutemos.

Debemos preocuparnos menos por lo que «no» podemos hacer, y empezar a ocuparnos más por lo que «sí» podemos hacer, ¡y hacerlo!

Pareciera que en la sexualidad necesitáramos un permiso, alguien que diga lo que puedo y lo que no puedo hacer. Sin embargo, lo paradójico es que, cuando la gente obtiene el permiso, tampoco lo hace, porque en realidad *lo que necesitamos no es el permiso sino la libertad para hacerlo*. Cuando no hay libertad, no hay permiso que alcance.

Si por alguna razón una pareja lleva bastante tiempo sin disfrutar de la sexualidad, tal vez sea bueno que busque ayuda, ya que la idea original consiste en que la disfrutemos de forma plena en el matrimonio.

Siempre que me hacen una pregunta relacionada con lo que se puede y no se puede hacer, intento contestar con la Biblia, ya que es el manual del Fabricante. Ahora bien, ¿la Biblia dice algo sobre el sexo oral o anal? La respuesta es no. Si no lo prohíbe, es porque lo podemos practicar. Ahora notaran ustedes que esto es una «bomba». Dentro de nuestros usos y costumbres cristianas esto no fue lo que nos enseñaron, más bien aprendimos que esto era pecado. *«Porque esas cavidades no fueron diseñadas por Dios para esa función»*, dicen algunos. Sin embargo, la boca fue diseñada para hablar y comer, pero hay personas que se dedican a pintar con la boca y no diríamos que esto es pecado, porque están usando la boca para otra función distinta para la que fue creada. O podríamos decir que acariciarse los genitales con la mano también sería pecado, ya que el acto sexual estaría reservado para los genitales, para el coito.

Reducir el acto sexual al pene y a la vagina es simplista, y además cercena la creatividad que Dios ha derramado en nosotros. Hemos perdido la capacidad de disfrutar con libertad. Jesús dijo: «Y conocerán la verdad, y la verdad los hará libres» (Juan 8:32). Sin embargo, hay una cuestión muy importante: que Dios no lo prohíba no quiere decir que tengo que obligar a mi cónyuge a cualquier práctica. Las relaciones sexuales se dan en un marco de acuerdo, no de violación. *Si mi cónyuge no está de acuerdo en algo, no hay que hacerlo.* Si decimos que la sexualidad es un lenguaje, no podemos aceptar la idea de que la relación sea un monólogo, donde solo uno la pase bien y el otro, sufra. De esta manera, no hay comunicación, no hay sanidad. La sexualidad es un lenguaje más del amor, no solo un acto carnal de descarga emocional y física.

Es común que en la consejería se atiendan chicos que no encuentran la manera de no tener relaciones previas al matrimonio. Además, pareciera que nadie tiene claro por qué se debe esperar hasta el matrimonio. Lo único que se sabe es que es pecado, pero no entienden por qué no tenerlas, ni tampoco entienden por qué es pecado. También es frecuente encontrarse con matrimonios que no tienen relaciones sexuales por mucho tiempo, y estoy hablando de personas casadas que se aman. La sexualidad es muy dinámica, muy fuerte, tanto que las parejas dejan de practicarla cuando hay inconvenientes.

Parte 2: La Biblia y la sexualidad

«Hijo mío, si haces tuyas mis palabras y atesoras mis mandamientos; si tu oído inclinas hacia la sabiduría y de corazón te entregas a la inteligencia; si llamas a la inteligencia y pides discernimiento; si la buscas como a la plata, como a un tesoro escondido, entonces comprenderás el temor del Señor y hallarás el conocimiento de Dios. Porque el Señor da la sabiduría; conocimiento y ciencia brotan de sus labios. Él reserva su ayuda para la gente íntegra y protege a los de conducta intachable. Él cuida el sendero de los justos y protege el camino de sus fieles. Entonces comprenderás la justicia y el derecho, la equidad y todo buen camino; la sabiduría vendrá a tu corazón, y el conocimiento te endulzará la vida. La discreción te cuidará, la inteligencia te protegerá. La sabiduría te librará del camino de los malvados, de los que profieren palabras perversas, de los que se apartan del camino recto para andar por sendas tenebrosas, de los que se complacen en hacer lo malo y festejan la perversidad, de los que andan por caminos torcidos y por sendas extraviadas; te librará de la mujer ajena, de la extraña de palabras seductoras que, olvidándose de su pacto con Dios, abandona al compañero de su juventud»

—Proverbios 2:1-17

Dios, además de guardarnos de los hombres perversos y de la mujer extraña, nos da ciencia, sabiduría e inteligencia para endulzar nuestra vida, alegrar nuestra sexualidad y volverla divertida y anhelada. La gente sufre sexualmente porque no tienen conocimiento o porque creen que ya han aprendido todo lo que hay que saber; pero han aprendido mal, y esto genera una sexualidad indeseada, torpe y aburrida. La sexualidad ha sido, y en algún sentido lo sigue siendo, un tema tabú. Es interesante pensar que en Occidente la sexología, como rama de la medicina, recién tuvo sus inicios cerca de 1940, relativamente poco tiempo para un tema tan antiguo. Hemos vivido en el silencio y en el desconocimiento. Dios nunca premia ello. Aunque leamos la Biblia de inicio a fin, no encontraremos que se exalte la actitud del desconocimiento. Todo lo contrario. En Óseas 4:6 dice: «Pues por falta de conocimiento mi pueblo ha sido destruido». Dios nos da la sabiduría. Esto es lo que nos promete: conocimiento y ciencia. Muchas veces, cuando algunas personas tienen dificultades sexuales, temen consultar sobre ello porque se ha perdido la discreción en este ámbito sexual. Gran parte de los problemas de la sociedad se derivan de la pérdida de discreción sexual; lo privado lo han hecho público.

Nadie busca declararse a su amada delante de un auditorio de cuarenta mil personas. ¿Por qué? Porque es un acto privado, que se realiza con la puerta cerrada; y hacerlo con la puerta abierta genera pudor. Cuando se declara amor a la amada, se hace en un lugar que conserve la mayor privacidad posible. Y en la sexualidad pasa es lo mismo: todos en líneas generales buscan tener sexo con la puerta cerrada, muchos incluso con las cortinas cerradas y con la mayor intimidad posible. Sacar este acto de lo privado a lo público es lo que hace que la sexualidad se transforme en algo perverso, sucio y vulgar. La sexualidad pertenece al ámbito privado, no fue diseñada para practicarla en público.

¡Dios me ama aun cuando mantengo relaciones sexuales!

La sexualidad fue creada por Dios, y es algo fantástico, maravilloso, lindo, placentero. Difícilmente haya algo más lindo que la sexualidad bien practicada. Realmente Dios es un gran creador, pues nos da la posibilidad de reproducirnos a través de algo que las palabras no alcanzan a describir. ¡Y es tan buena que a veces dejamos de practicarla! Es tanta la tensión que genera y despierta en los individuos que a veces es más fácil negarla, «ponerla en un cajoncito», sacarla de nuestra mente, y pretender de forma imaginaria que de esa forma no estará más en nosotros. Eso es negación (mecanismo de defensa usado por los seres humanos): negar el hecho de que se prefiere no tener sexo, a la realidad de tenerlo y terminar frustrado, angustiado y con rabias porque nuevamente la relación fue un desastre. Entonces negamos en lugar de aprender a usarla como Dios manda.

Cosas importantes de las cuales debemos percatarnos:

Dios no tiene un conflicto con la sexualidad sino los seres humanos

Si Dios nos creó como seres sexuados, ¿qué nos hace pensar que él considera pecado las relaciones sexuales? Dios, cuando creó el mundo, nos dio el mandato de llenar la tierra: «Sean fructíferos y multiplíquense; llenen la tierra y sométanla» (Génesis 1:28). Y para asegurarse de que hiciéramos el trabajo, creó una forma absolutamente placentera. Es interesante notar que mucha gente considera que el sexo dentro del matrimonio conserva algo de pecado; el supuesto axioma que pocos se atreven a cuestionar asegura que la sexualidad nunca está libre de pecado.

«Existe en la relación sexual algo del pecado original»

¡Esto es falso! Dios no trabaja así, no creó algo para luego señalarnos con el dedo. Muchos consideran que Dios los ama un poquito menos, luego de que tuvieron una relación sexual con su cónyuge. Por ejemplo, hay muchas parejas que no pueden realizar una oración antes o después de una relación sexual. Esta es una idea que hemos aceptado por costumbre, por historia, pero no tiene sustento bíblico. Jerome, un gran traductor de la Biblia, no permitía que las parejas recibieran la comunión luego del acto «bestial» del coito, y afirmaba: «Aquel que ama con gran pasión es adúltero». San Agustín hablaba de la «degradante necesidad del sexo», y el papa Gregorio primero sostenía: «El placer sexual nunca está libre de pecado». La idea de que hay pecado dentro de la relación sexual matrimonial es una idea antigua, heredada, que simplemente la hemos repetido «porque siempre fue así».

Cabe aclarar que la Biblia entiende el sexo como algo que debe darse *dentro del matrimonio* y que allí todo está permitido, menos lastimar, obligar y cohesionar al cónyuge. El problema es que las parejas quitan del matrimonio la seducción y el erotismo, ya que conviven con la idea de que el sexo es pecado, a pesar de que están casadas, por lo que el sexo deja de ser algo atractivo. Entonces todo el arte de la seducción lo realizan fuera del matrimonio, donde al principio tienen claro que no quieren mantener sexo, pero como la seducción y el erotismo generan placer, poco a poco se vuelven asiduos practicantes de ello. Aunque no tienen relaciones sexuales todavía, sí han comenzado con la histeria.

Y bueno, es aquí donde muchos vienen a buscar ayuda, en algunos casos hasta a pedir permiso, autorización. Claro está que no vienen diciendo: «Necesito que me dejes estar con ella o él». Sin embargo, buscan la aprobación, buscan que alguien esté de acuerdo con su forma de proceder, que valide sus pensamientos, como una forma imaginaria de compartir la responsabilidad del hecho, o eximirse de la responsabilidad propia.

Una vez un hombre casado me dijo: «Tengo que estar con ella (una chica a la que había logrado seducir). Tengo derecho. Me la gané». Casi como que si el único requisito para tener sexo consistiera en lograr seducir a alguien. ¡Imagínense, si esto fuera cierto, no importaría el amor, el compañerismo ni el compromiso!»

Hoy es frecuente encontrar parejas que cuando tienen problemas sexuales, la primera opción que aparece es la infidelidad. Vivimos una sociedad tamizada por el postmodernismo, donde los valores están regidos por el sentir, lo efímero, lo pasajero y la ausencia de compromiso. Si algo no funciona, si algo me hace «sentir mal», es suficiente evidencia de que tengo que dejarlo.

Ahora bien, debemos tener sabiduría, ciencia, discreción, conocimiento para saber acompañar a quien está viviendo una situación de estas. Porque de la misma manera que no dejamos el trabajo, o por lo menos no deberíamos hacerlo,

ante las primeras adversidades, de la misma manera no deberíamos dejar nuestros vínculos matrimoniales ante las adversidades. Sin embargo, como vivimos en un mundo desechable
(envases de gaseosas, máquinas fotográficas, y más), por ana-
logía pensamos que cuando algo no sirve o no funciona como
quiero, debemos desecharlo.

La Biblia denomina a la relación sexual que una persona casada mantiene fuera del matrimonio como adulterio, y
deja en claro que es algo que Dios no quiere que se exprese
de esta manera, porque *el adulterio es desorden, y el desorden
sexual dentro del matrimonio es adulterio*. «Dios es un Dios de orden», siempre nos lo han enseñado, y él ha diseñado el mundo
con una lógica y un orden que deben respetarse para que las
cosas funcionen bien. Imagínense un mundo sin reglas que
respetar, donde si alguien me lastima, tendría el derecho de
matarlo, y ese mismo derecho tendría el otro hacia mis hijos y
amigos. Necesitamos un orden que respetar. El problema radica en que a los seres humanos no nos gusta que nos digan lo
que debemos hacer. Dios no se escandaliza de nuestra sexualidad, porque él la creo. No obstante, cuando vivimos de manera
desordenada, a eso Dios lo denomina pecado; pero no lo dice
para alejarnos o para castigarnos sino para que lo entendamos en palabras sencillas. Y claro, a nadie le gusta que le digan
que está pecando, ni mucho menos que definan su sexualidad
como pecado. Sin embargo, ¿cuánto desorden trae el adulterio?, ¿cuántas peleas se originan en los matrimonios a raíz de
esto?, ¿cuántos hijos salen lastimados y abandonados por esta
razón?, ¿cuántas personas llegan a adultas resentidas, heridas,
llenas de sensaciones de odio y venganza, porque han visto el
adulterio de sus padres?

El adulterio lastima, te lastima

Debemos mantener el erotismo, la creatividad y la seducción dentro de nuestros matrimonios, para que la sexualidad sea creativa y agradable. No solo porque el sexo fuera
del matrimonio es pecado sino porque hacerlo seguro que te

lastimará. Piensa en esto: si no dejas a tu cónyuge, es porque aún se aman, o amas a tu familia, a tus hijos. Cuando se comienza una relación de infidelidad, esto es algo en lo que no se piensa; pero luego, cuando el vínculo extramatrimonial prospera, también surgen allí sentimientos agradables. Por lo tanto, llegará un momento en que habrá que elegir un vínculo u otro, y en ese momento algo perderás, y te puedo asegurar que elijas lo que elijas, dolerá.

Recuerdo que hace unos años atrás vino a verme un hombre, a quien llamaré Alberto, de unos cincuenta y cinco años, casado, varios hijos y varios nietos, y jubilado anticipadamente por el «beneficio» de haber trabajado en las fuerzas de seguridad. Su motivo de consulta era que, desde que se había jubilado, no paraba de tener problemas físicos, y los médicos le recomendaron asistir a un psicólogo porque consideraban que las causas de sus dolencias tenían un origen psicosomático, además porque padecía síntomas de ansiedad como pánico, miedo a morir, y otros. Al principio, orienté la ayuda hacia el hecho de que este hombre, acostumbrado a trabajar toda su vida, no encontraba otra alternativa para compensar dicha ausencia. No obstante, esta situación ya llevaba cuatro años, y él había logrado comprometerse más en el servicio al Señor y era bastante activo en su congregación, con lo cual aportaba mucho de su tiempo allí. Por otro lado, no paraba de remodelar su casa. Entonces dirigí la ayuda a poder componer el vínculo con cada uno de sus hijos y nietos. Así que cité a todos aquellos que hubieran tenido algún problema con él, y pudieron restaurar su relación. Su ansiedad mejoró, pero aún quedaban algunos miedos. Así que también cité a la esposa, y hablaron de sus diferentes conflictos y de las diferencias que durante su vida matrimonial habían tenido. Discutieron, pelearon, levantaron la voz, pero al final se perdonaron, se manifestaron amor y siguieron el vínculo. Su pánico había desaparecido y su ansiedad estaba disminuida de forma considerable, por lo que procedí a darle de alta. Para mi sorpresa, a la semana siguiente recibí una llamada de la esposa, que me dijo: «Alberto tuvo un accidente, se desmayó cayó hacia atrás y se golpeó la cabeza, tuvo un derrame interno y hubo que operarlo de urgencia. Como hoy le dan de alta, quisiera que lo viniera a ver. ¡Esto no puede seguir así! Sigue lastimándose a sí mismo».

Debo confesarles que todo mi repertorio terapéutico había terminado. No sabía qué hacer. Había hablado del trabajo y su necesidad de que encontrara algo que afectivamente fuera tan importante como lo que hizo durante su vida. Había conocido a todos los familiares con quien durante su vida tuvo problemas y acompañé el proceso de restauración de esos vínculos. No obstante, de nuevo me encontré con un hombre que repetía un acto considerado agresivo contra sí mismo, producto de su inconsciente. Recuerdo que esa noche, luego de terminar de atender en el consultorio, mientras me dirigía a su casa y manejaba el auto, le pedí a Dios sabiduría y dije: «Señor, no sé qué hacer. Creo que Alberto se está lastimando por algo, pero no sé por qué. Necesito ayuda, discernimiento, porque no sé qué hacer». ¡Grande fue mi sorpresa! Esa noche me estaban esperando, y me dejaron a solas con Alberto, que me dijo: «Omar, tengo que contarte algo, que lo llevé toda mi vida y que creo que es lo que me hace padecer todos mis miedos».

Esa noche me contó que toda su vida matrimonial había mantenido una relación extramatrimonial con una mujer, y que a ambas decía que tenía mucho trabajo y estaba de guardia, cuando en realidad estaba con la otra, y que desde que se había jubilado, no podía seguir viendo a la otra señora, situación que al principio lo llenó de dolor y tristeza, pero que sirvió para realizar un corte con este vínculo para recomponer todas sus relaciones: con Dios, con su esposa, con sus hijos y nietos, a los que siempre descuidó por obvias razones.

Esa noche hablamos largo rato. Alberto pidió perdón a Dios, y sintió por primera vez que no había nada más que cargar, nada por lo cual sentirse culpable, nada por lo que debía seguir castigándose. Recuerdo que esa noche le dije: «Alberto, has pedido perdón a Dios, y entiendo que te ha perdonado. Has pedido perdón a tu esposa por todas las cosas malas que le has hecho, y me consta que te perdonó. Has pedido perdón a cada uno de tus hijos y nietos por el abandono al cual los sometiste, y todos te han perdonado, te aman y te valoran. No veo la razón para que te sigas culpando y lastimando».

Esa noche su rostro resplandecía, estaba alegre y feliz. Esa noche, Alberto murió.

Muchos años después, su esposa vino a verme, ya al tanto de toda la historia, y me preguntó sobre qué habíamos hablado esa noche. Y bueno, pudo perdonar a su esposo, a la otra mujer, que para mi sorpresa también terminó conociendo del amor y la misericordia de Dios para su vida.

La voluntad dinámica de Dios, *el divorcio*

Cuantas veces vienen a consultar personas que se quejan de que las cosas andan mal, de que pareciera que Dios se ha olvidado de ellos. Generalmente trato de ayudarlos a que ordenen sus vidas y después a asegurarles de que Dios va a bendecirlos. Dios tiene una voluntad dinámica respecto al matrimonio: no quiere que la gente se separe, ha diseñado el matrimonio para que solo la muerte la separe. No obstante, si un individuo se separa Dios, los acoge igual.

Hace poco, en un encuentro con Alejo y Silvia Paiz, queridos amigos, comentaron: «El divorcio no es lo que Dios quiere para nuestras vidas, de la misma manera que ninguno de los que estamos acá queremos que nuestra hija quede embarazada de soltera; pero si sucede que nuestra hija queda encinta, no la vamos a echar sino que intentaremos todo por restaurarla. De la misma manera, no queremos que la gente se separe, pero si alguien lo hace, lo restauraremos».

Pues bien, me pareció muy importante el concepto, porque Dios no quiere el divorcio. Es más, no echa fuera a nadie que venga a él. Jesús dijo: «Todos los que el Padre me da vendrán a mí; y al que a mí viene, no lo rechazo» (Juan 6:37).

Un ejemplo de la voluntad dinámica de Dios es cuando le da un rey al pueblo de Israel. En 1 Samuel 8 se relata la historia de que el pueblo pide a Samuel un rey: «Tú has envejecido ya, y tus hijos no siguen tu ejemplo. Mejor danos un rey que nos gobierne, como lo tienen todas las naciones» (v. 5).

En el monte Sinaí, el pueblo de Israel ratificó el pacto de que Dios gobernaría (teocracia) directamente por medio de Moisés (ver Éxodo 19:8). La teocracia siguió a través de Josué y Jueces. Samuel fue usado como profeta, juez y sacerdote, pero cuando sus hijos pervirtieron la justicia, el pueblo se reunió y demandó un rey a Samuel. Esta petición le desagradó. Sin embargo, Dios ordenó que obedeciera, pero les advierte lo que les esperaba. El pueblo, por su lado, rehúsa acatar la advertencia y Samuel se dispuso a ungir a Saúl como nuevo rey. Los resultados desagradables de esta elección que Dios predijo se cumplieron, aunque Dios nunca abandonó a su pueblo sino que siempre estuvo pronto a socorrerlos y restaurarlos. Dios no quería que tuvieran un rey. Se enojó y también se enojó el profeta (aunque en parte creo que no solo porque el pueblo desobedeció a Dios sino porque también se le estaba acabando el negocio familiar). Dios, pese a todo, les dio por rey al que ellos consideraban que era el mejor: el más alto y más lindo (ver 1 Samuel 2). Sin embargo, como después Saúl desobedeció, Dios les dio un rey conforme a su corazón, David.

Dios no quería que ellos tuvieran un rey. Les dijo que tendrían que pagar impuestos, entregar a sus hijos al servicio del rey, entre otras cosas. El pueblo perdió un montón de beneficios, por la elección que realizaron. De igual forma, Dios no quiere que nos separemos sino que luchemos por conservar nuestros matrimonios. Dios es un Dios de orden, y eso es lo que él quiere que logremos en nuestro matrimonio y nuestra sexualidad. De todas maneras, cuando alguien se separa, Dios siempre está dispuesto a volver a empezar. Dios ama a la persona, independientemente del estado emocional o civil en el que se encuentre. Por último, en Proverbios 2 dice que Dios nos aparta de las sendas tenebrosas, de los que festejan la perversidad, y esto es interesante. Cuando vivimos con ciertas reglas y normas aceptadas por la mayoría de la sociedad, y que Dios se ha encargado de compilarlas en un solo lugar, la Biblia, nos volvemos personas sanas.

En psicología decimos que cuando alguien persiste en quebrantar las reglas sociales, es un antisocial, que no es otra cosa que un sujeto acostumbrado a transgredir reglas y principios que sirven y funcionan para todos. Ahora bien, nadie nace antisocial, nadie en el vientre de su madre es un antisocial. Estoy convencido de que Dios no nos hizo deficientes o desaprobados. *Nadie nace antisocial o perverso sexual sino que el perverso sexual se hace.* No es cierto que alguien haya nacido perverso, y que por ello su sexualidad la practica, por ejemplo, con niños. Pensar que alguien nace perverso y por ello mantiene este tipo de sexualidad me parece una atrocidad. Creo que el individuo va transformando su mente a medida que le suceden cosas en su vida y termina eligiéndolas luego para volver a repetirlas y satisfacerse con las mismas, como una forma inmadura de sanar sus traumas infantiles. Lo interesante de este punto es que hacer lo correcto nos aleja de las sendas tenebrosas, y de quienes están allí, vale decir, los perversos.

CAPÍTULO CINCO

No te olvides que *eres humano*

Una familia celebraba la boda múltiple de sus tres hijas. En un momento de la preciosa y emotiva fiesta, las hijas se acercaron a la madre para despedirse, a fin de partir en sus viajes de boda a diferentes lugares. La madre pidió a sus hijas que la llamaran al día siguiente para que le contaran, lo más discretamente posible, sobre el desempeño sexual de sus maridos, a través del lema de algún anuncio comercial. El primer llamado que recibió la madre fue el de la hija mayor, que solo le dijo: «Nescafé». La señora quedó confundida, hasta que más tarde vio un anuncio de Nescafé, el cual decía: «Satisfacción hasta la última gota». Poco después, recibió el llamado de la segunda hija, que le dijo entusiasmada: «Colchones Rosen». La mamá buscó la publicidad de Colchones Rosen y leyó complacida: «Vive la vida con tu king size extra grande». Por último, y recién una semana después, la llamó su hija menor y casi sin voz, le susurró: «American Airlines». La madre buscó frenéticamente un anuncio de American Airlines y, antes de desmayarse, leyó: «4 veces al día, 7 días a la semana, los 365 días del año, todas las rutas...»

(Humorísticas del maestro)

Cuando los estadounidenses ganaron la Segunda Guerra Mundial y lograron rescatar a las prisioneras de guerra, se dieron cuenta de que, a pesar de las ayudas que les daban, seguían muriendo. Un día descubrieron que en un cargamento humanitario había lápices labiales. Lo primero que se preguntaron fue: «¿En qué nos pueden ser útiles los lápices labiales en el campo de concentración?» Sin embargo, al repartírselos, notaron que ellas empezaron a mejorar notablemente, porque les devolvió una identidad, una condición de seres humanos que habían perdido. Y bueno, lo impactante es que muchas siguieron muriendo igual, pero sujetando el lápiz labial entre sus manos.

Nunca debemos permitir que nos arrebaten nuestra condición de seres humanos. Muchas veces en sexualidad vemos esto: que algunos pretenden vivir la sexualidad como si no fueran humanos, de una manera animal y salvaje y cuando participan de esta práctica, pierden su condición de humanidad, su identidad, sus sueños, aquello que anhelan vivir, pierden justamente aquello que los define como seres humanos. Se convencen de que la estabilidad y la felicidad a través de un vínculo duradero no son para ellos. La idea es que puedas disfrutar de la sexualidad con plenitud, sin que nadie te robe tu condición de humanidad, sin tener que sentir la triste sensación de que muchos de los que te rodean, si pudieran, te llevarían a la cama.

Es interesante observar cómo la oferta indirecta de sexo en la calle, en la TV, en internet, a través de las publicidades, las novelas o el chat, conllevan esta idea de base: el fin en primera y última instancia es lograr una relación sexual. El sexo en sí no es malo; es una buena herramienta que permite descargar emociones y tensiones. Sin embargo, el sexo con compromiso, amistad y amor es mejor no tanto durante (la relación sexual) sino fundamentalmente después.

Cuando leemos la historia de la creación en Génesis, vemos que es un poema, no es una historia necesariamente literal, que pretende impartir todos los acontecimientos de forma cronológica, según fueron sucediendo. Obviamente son verdad todos los detalles que dice, pero no cronológicamente hablando. Vemos en el primer capítulo la creación de la tierra. Llama la atención que Dios, a medida que fue creando todas las cosas, observaba que eran buenas. Hasta que llegamos al siguiente versículo, que dice: «Luego Dios el Señor dijo: "No es bueno que el hombre esté solo. Voy a hacerle una ayuda ade-cuada"» (Génesis 2:18) Y es aquí donde comienza la intere-sante aventura sexual humana. Adán jamás lo hubiera podido hacer solo. La experiencia sexual no comienza con nuestra «primera vez» sino con el hecho de tener y de encontrar la persona adecuada con quien vivir. Hay varios datos interesan-tes que encontramos en este pasaje, que son bueno conocerlos:

1. El trabajo cuesta trabajo

El primer dato es que *el trabajo no es una consecuencia del pecado*, claro está que tampoco es pecado trabajar. Esta idea de que trabajamos porque Adán pecó, gracias a Dios, ya se está empezando a desmitificar. Pese a ello, hoy en día sigue habien-do mucha gente que cree que el trabajo es una consecuencia del pecado. La Biblia dice que no llovía sobre la tierra, porque no había hombre que la labrara: «Porque Dios el Señor todavía no había hecho llover sobre la tierra ni existía el hombre para que la cultivara. No obstante, subía de la tierra un manantial que regaba toda la superficie del suelo» (vv. 5-6). A partir de que Dios creó al hombre, empezó a llover, porque el primer trabajo de Adán fue labrar la tierra, además de ponerles nom-bre a las aves y a las bestias del campo.

Y Adán estaba trabajando. Tan acostumbrado estaba, que cuando Dios le trajo a su mujer para presentársela (ver v. 22), respondió haciendo lo que estaba acostumbrado a hacer, le puso nombre: «Esta será llamada Varona, porque del varón fue tomada» (v. 23 RVR-60). Me imagino que Adán estaba tan impactado con la belleza de Eva, que actuó de forma automá-tica. Hasta allí, Dios le llevaba animales y él les ponía los nom-bres, y eso fue exactamente lo que hizo. Dios le llevó a Eva y él la nombró. Imagínense la escena: Eva estaba esperando unas palabras de amor, que le dijera lo mucho que estaba esperando ese momento, que le hablara de todos los proyectos que rea-lizarían juntos, que le diera algo de seguridad, pero Adán lo único que hizo fue ponerle nombre. Es como si le hubiera di-cho: «Estoy ocupado trabajando, te doy lo que necesitas (un nombre) y después hablamos». ¿Se dan cuenta señoras? El varón funciona así, no es solo tu marido, somos todos. Eso sí, cuando Dios los dejó a solas para que charlaran, Adán seguramente le dijo: «¿Cómo es esto que Dios dijo de que "serán una sola carne"?» Claro, porque si pensamos que Adán actuó como un hombre más, es probable que solo escuchara esta frase.

Trabajar es un privilegio; es bueno trabajar. La consecuencia del pecado es «el sudor del rostro» (ver Génesis 3:19), que nos cueste trabajo, que allí existan adversidades imponderables que hagan que sea duro labrar la tierra. La consecuencia entonces fue que ganar el sustento resultara difícil. Todos en el trabajo tenemos a alguien que se nos opone, que nos hace sufrir. Y bueno, así es el trabajo. Como la palabra lo indica, el trabajo cuesta trabajo.

2. Algo anda mal

La Biblia nos relata cómo fue que Dios creó todas las cosas y veía que eran buenas. Incluso crea al ser humano y dice que «era bueno en gran manera» (Génesis 1:31). Es como si Dios dijera: «¡Me quedó súper bien!»

Lo interesante es que, a medida que continúa el relato, dice que algo no andaba bien en su propia creación. Encuentra algo no bueno. Por primera vez detecta algo que no estaba bien. Esto es interesante y es la segunda cosa sobre la que quiero llamar la atención. Dios dijo que las plantas eran buenas, los animales eran buenos, el hombre era bueno en gran manera, hasta que detecta diciendo: «Muchachos, hay algo que no está bien»: «No es bueno que el hombre esté solo», y agrega: «Voy a hacerle una ayuda adecuada» (Génesis 2:18-19). Dios observó a Adán y vio que algo andaba mal; tal vez se dio cuenta de que era un poco melancólico o triste. En fin, en realidad no sabemos cómo lo vio, pero entendió que había que hacer algo. Lo divertido es que no le hizo una madre, no le hizo un hijo (para que lo cuide cuando sea viejito), no le dio amigos, no bajó más tiempo a tomar el té con él, no le dio una iglesia (para que pueda ir a cantar y organizar una buena reunión cada domingo), no le dio un grupo al que tenía que ministrar, ni le dio animalitos a los que tenía que cuidar. ¡Dios le dio una mujer!

¿Te das cuenta de lo que esto significa? Dios piensa que la ayuda adecuada para un varón es su cónyuge, no es su mamá, ni su grupito de amigos, ni siquiera le dio un hijo «para que lo completara»

3. Dios cree que la ayuda adecuada para un ser humano es su cónyuge

Esto es bueno tenerlo en cuenta, porque nuestro primer ministerio es el cónyuge, nuestra responsabilidad más importante es cuidar el matrimonio, ya que es el plan de Dios para nuestra vida. No está mal que trabajemos y tengamos ministerios fructíferos; creo que esto es buenísimo, pero tenemos que cuidar nuestro matrimonio.

Es extraño pensar que Dios se agrada de un hombre porque, por ejemplo, todos los domingos va a la iglesia o porque delante de la gente es un hombre ejemplar y a la esposa la trata con rudeza, con violencia, o simplemente la ignora y no la toma en cuenta para las decisiones importantes del matrimonio. Llama la atención ver la cantidad de hombres que no tienen en cuenta a sus esposas para las decisiones importantes del matrimonio, como invertir el dinero en un auto, en un negocio u otras cosas, o que siempre tienen algo más importante que ellas, como el fútbol, los amigos, y que luego pretendan una sexualidad celestial, una esposa dispuesta a todo. Y bueno, no estoy diciendo que está mal que el varón lleve la delantera en determinados aspectos. El punto es que si no hay confianza para hablar con la esposa de los aspectos importantes o pensar en ella como parte de un equipo, es de esperarse que en el aspecto sexual sea similar: cada quien piensa en satisfacer sus propias necesidades, sin tener en cuenta al otro.

Jesús dijo lo siguiente en Juan 10: «El ladrón no viene más que a robar, matar y destruir; yo he venido para que tengan vida, y la tengan en abundancia» (v. 10). Todos sabemos qué es matar y destruir, pero no siempre se sabe qué es hurtar.

Hurtar es robar sin que el otro se dé cuenta. De modo que sacarle algo a alguien sin que se dé cuenta no es robar sino hurtar. El ladrón ha estado hurtando el matrimonio, aquello que Dios ha creado como ayuda adecuada para la vida en la tierra. Cuando asisto en el consultorio a matrimonios que se disuelven, puedo ver cómo han ido permitiendo que se les robe su felicidad, la intimidad de la pareja, los tiempos compartidos, los momentos verdaderamente importantes, la paz, el amor, entre otros. Y un día, casi sin saber cómo se llega hasta allí, estos individuos que prometieron amor eterno están convencidos de que es mejor vivir sin el otro. Entonces Dios crea y da forma a una mujer, y después le dice a Adán: «Por eso el hombre deja a su padre y a su madre, y se une a su mujer, y los dos se funden en un solo ser» (Génesis 2:24).

Imagino la cara de asombro de Adán. Seguro pensó: «¿Dejarás a tu padre y a tu madre?» No entendía nada, pues no tenía padre ni madre. Sin embargo, Dios se lo estaba diciendo porque esto iba a servirnos a todos. Le estaba anticipando lo que pasaría.

Muchos matrimonios fracasan porque no entienden que *deben dejar* a su padre y a su madre. Dejar no significa ignorar, abandonar, menospreciar, lastimar sino que la prioridad debe ser mi pareja, no mis padres; porque cuando Dios detectó el problema de que algo andaba mal, su solución se manifestó con un cónyuge.

4. Serán una sola carne

La Biblia deja en claro que la unión de Adán y Eva era una unión corporal, física, sexual, no una unión simbólica ni platónica. Dios quiere que sus criaturas tengamos sexo, es por ello que debemos dejar a mamá y papá, para poder mantener relaciones sexuales y ser uno, sin nadie más, solo él y ella. Desde este versículo en adelante se evidencia el plan original de Dios de que marido y mujer se complementen, desarrollen su vida juntos y sean una sola carne.

5. ¿Dos árboles? «Esos dos inconscientes»

La tercera idea es que Dios planta en el Edén dos árboles. Siempre se nos enseñó y estamos acostumbrados a que nos hablen de uno, el de la ciencia del bien y del mal, el famoso árbol de «manzanas» que Eva no pudo resistir. Sin embargo, hay otro más, el de la Vida. Dios le prohíbe a Adán que coma del primer árbol, pero le aclara que de todos los demás árboles podían comer. Y al parecer, había uno que debían comer, por lo menos con frecuencia, y que, al hacerlo, seguramente les daba vida. Noten lo que habla Dios una vez que el hombre hubo desobedecido: «Y dijo: "El ser humano ha llegado a ser como uno de nosotros, pues tiene conocimiento del bien y del mal. No vaya a ser que extienda su mano y también tome del fruto del árbol de la vida, y lo coma y viva para siempre". Entonces Dios el Señor expulsó al ser humano del jardín del Edén, para que trabajara la tierra de la cual había sido hecho» (Génesis 3:22-23).

En otras palabras, lo que la gente ha buscado y sigue buscando, el famoso elixir de la eterna juventud, permanecer eternamente jóvenes, en una época existió. Es evidente que el anhelo de no envejecer es parte de un recuerdo que almacenamos en nuestro inconsciente colectivo, ya que en algún momento fue parte de nuestra existencia. Ahora bien, Dios no creó al ser humano con la idea de que se muera. Ese no fue el plan original de Dios. Romanos 3:23 dice que «todos han pecado y están privados de la gloria de Dios». Al principio, Dios planta dos árboles en el huerto: el primero es del que más nos han hablado, el de la ciencia del bien y del mal. Sin embargo, no es a partir de ahí que el hombre empezó a ser un intelectual conocedor de todo, o que antes fuera un ignorante, bruto, manipulado por un ser superior. Sí es cierto que, a partir de comer de su fruto, el ser humano empezó a distinguir la diferencia entre el bien y el mal, algo que ignoraba hasta entonces, algo que evidentemente en los planes de Dios no era necesario conocer.

En lo personal, creo que allí se inauguró el sistema consciente-inconsciente que fue descrito y descubierto por Freud.

SEXO SENTIDO

Cuando el hombre vivía en plena comunión con Dios, era un inconsciente. Sí, literalmente hablando, un inconsciente. Cuando Adán y Eva comieron, adquirieron conocimiento, que les hace conocer, y pierden este estado de la inconsciencia, y esa inconsciencia nunca más vuelve a ser parte de nuestra consciencia. Se inaugura la consciencia.

Muchas veces decimos: «Esto lo hice inconscientemente», y atribuimos a nuestro inconsciente todas aquellas cosas que no podemos o no queremos manejar, lo definimos por lo general como lo malo, como aquella parte de nuestra naturaleza que tiene todos los pensamientos irracionales y vergonzosos. Sin embargo, el inconsciente no es malo sino que tiene ese estado original, ese recuerdo arcaico de un paraíso, de una comunión plena y feliz con Dios, y con nuestro amado. De allí que creo que es difícil encontrar felicidad sin acercarse a Dios, lo cual me lleva a experimentar parte de ese estado original y mejorar esa comunión día a día en el matrimonio.

6. Dos sin-vergüenzas

Por último, podemos ver que ninguno de los dos sentía vergüenza. El ser humano, antes de adquirir el conocimiento, no sentía vergüenza de su desnudez, ni de una relación sexual. *No tenía vergüenza de su sexualidad.*

Cada vez que alguien sienta vergüenza por su sexualidad es porque hay algo que no está bien. La sexualidad no debe despertar vergüenza. La sexualidad es santa, es pura, es preciosa. Si despierta vergüenza, es porque se le desconoce en algo y ello deja lugar a ideas distorsionadas o interpretaciones dolorosas, que nos llevan a no disfrutarla. Por ejemplo, una persona que tiene vergüenza de desnudarse delante de su cónyuge tal vez tenga la idea de que está en sobrepeso.

El problema radica en que Dios no diseñó al ser humano para que piense mal de sí mismo. Dios piensa bien de nosotros. No quiere decir esto que debemos negar lo obvio: si estás gordo, deberías bajar de peso, pero no podrás hacerlo si piensas mal de ti mismo.

Ahora bien, lo distorsionado no está en la realidad de si alguien está o no en sobrepeso sino en pensar que esto no agradará al cónyuge, y esta idea lástima porque luego de pensar esto, aparecen más pensamientos, en catarata. A la idea de la gordura le sigue: «No voy a gustarle», y esta idea trae otra y otra y otra: «Por lo tanto, debo taparme», «Me quiere mirar más pero los rollos», «La verdad es que si se va a burlar de mí, es mejor que no tengamos sexo», «Me va a dejar», «Pero, quién se cree para dejarme». Como se darán cuenta, podríamos seguir agregando ideas. Y cada idea nos aleja más de la realidad, lo cual crea un mundo de dolor y tristeza, que solo me lastima.

No quiero decir que si tienes algo que podrías cambiar, no lo hagas. Lo que quiero decir es que debemos partir de la aceptación de nosotros mismos. Adán y Eva no sentían vergüenza porque no tenían nada que ocultar. Luego de adquirir el «conocimiento», descubrieron que había cosas que esconder. De modo que si tu pareja quiere tener sexo contigo, es porque ya le agradas y no está concentrándose en lo que ves. Eso solo tú lo ves.

Como decíamos, la sexualidad es buena, pura, pero si la sacamos del ámbito privado al público, es cuando se vuelve sucia, mala, vulgar y bastarda. Sin embargo, fíjense que es muy frecuente encontrar parejas que tienen vergüenza dentro de sus matrimonios. Se supone que nosotros los cristianos no deberíamos tener vergüenza, porque tenemos conocimientos que nos llevan a la verdad. No obstante, somos los que vamos liderando el ranking de mitos y falsas verdades aceptadas como ciertas. Vamos peleando frente a frente con otros individuos de cualquier religión, y esto sucede porque la sexualidad despierta mucha tensión. De ahí que preferimos ignorarla, ocultar hechos que suceden en nuestras familias y comunidades religiosas como una forma imaginaria de pensar que van a desaparecer. Lamento comunicar a los que piensan de esta manera, pero negar un problema nunca es la solución, como no lo es el poner la basura debajo de la alfombra. Por ejemplo, el caso de un niño que fue abusado sexualmente necesita ser sanado, necesita ver que alguien haga algo con la persona que lo lastimó (me refiero a denunciarlo, sacarlo por un tiempo o definitivamente del contacto con el niño), porque *no hacer nada es lo que genera el trauma psíquico, no el hecho en sí mismo.* Si los padres o la comunidad o el líder religioso eligen no hacer algo, están comprando un problema para su propio futuro o el de su comunidad. Un individuo no sanado puede volverse un individuo resentido. ¿Y a quién piensan que dirigirá su resentimiento? Claro, a quien lo lastimó, y a quien él interpreta que debería haberlo cuidado y protegido, o haber hecho algo luego de que lo lastimaron.

Otras veces, la vergüenza de hablar o cuestionar supuestas verdades lleva al sujeto a aceptar conceptos falsos. Como la idea de que Onán se masturbaba, y que por ello Dios lo castigó (ver Génesis 38:4-10). Onán era el segundo hijo de Judá, su hermano mayor se llamaba Er y su hermano menor, Sela. Judá toma por esposa para su hijo Er a Tamar, pero al cabo de un tiempo Er muere. Es aquí donde aparece en escena Onán. Su historia relata que Dios lo castigó por una actitud avara y mezquina, la cual se ve reflejada en el hecho de *no querer dar descendencia* a su cuñada, ya que la ley de ese momento establecía que, al fallecer un hombre sin dejar descendencia, el hermano que le sucedía debía darle un hijo a su cuñada. Esa descendencia hubiera tenido la primogenitura de Judá y todos los derechos correspondientes. Para llevar a cabo su plan, Onán practica el *coitos interruptus*, método anticonceptivo que consiste en eyacular fuera de la vagina para evitar un embarazo: «Pero Onán sabía que los hijos que nacieran no serían reconocidos como suyos. Por eso, cada vez que tenía relaciones con ella, derramaba el semen en el suelo, y así evitaba que su hermano tuviera descendencia. Esta conducta ofendió mucho al Señor, así que también a él le quitó la vida» (Génesis 38:9-10).

Lo que llama la atención del caso es que la Biblia es clara en el relato. Sin embargo, en cada lugar a donde he ido a dar conferencias de sexualidad me encuentro con la misma confusión: todos creen que Onán fue castigado por masturbarse, o por desperdiciar sémen. Y si bien es cierto que desperdició semilla, Onán fue castigado por su actitud avara y mezquina (y si prestamos atención, vemos que además fue castigado por planificar e intentar llevar a cabo un hurto: robarle la primogenitura a su hermano fallecido). Es tal la confusión y la mala interpretación del texto que hasta en sexología, para describir técnicamente al acto masturbatorio, se lo llama onanismo, lo cual hace alusión a Onán y su supuesta práctica autogratificante. Este es solo un ejemplo de cómo repetimos supuestas verdades, solo porque las escuchamos así.

Dios habla de la sexualidad y no tiene problema en hablar del tema, ya que nos creó de esa manera, como seres sexuados. Cuando empieces a sentir vergüenza, haz un análisis introspectivo y fíjate por qué aparece; qué hay allí que no está sanado; qué no está restaurado en tu historia con tus padres, en tu conocimiento, en lo que te enseñaron en tu iglesia; y por qué se repitió muchas veces, y por qué lo tomas por verdadero. Sigue adelante con la sexualidad. No te olvides que eres humano y que no es bueno sentir vergüenza ni de tu sexualidad ni de tu desnudez, y que no necesitas perder tu identidad y tus valores para lograr una relación sexual plena, estable y satisfactoria. Además, recuerda que Dios diseñó un plan para que no estés solo.

Mejor que encontrar alguien con quien tener sexo es encontrar alguien con quien permanecer después del sexo.

CAPÍTULO SEIS

Cuando la culpa impide el placer

¿Existe el sexo cristiano? No, y te lo vuelvo a decir: «no». ¿Por qué no existe el sexo cristiano? Porque el sexo es parte de la condición de los seres humanos; es parte de la naturaleza humana y existen cristianos que practican sexo.

No hay sexo cristiano, de la misma manera que no hay lapiceras cristianas o autos cristianos. Que yo sepa, hasta ahora nunca he visto un auto declarar con su boca que Jesucristo es el Señor.

Tendemos a volver mundanas las cosas que tienen que ver con sexo, y la gente de forma habitual no disfruta del sexo por culpa, porque creen que el sexo no pertenece a la piedad y dicen: «Practicar o hablar de sexo no es de cristianos».

Hace un tiempo, cuando fui a dar una conferencia a una iglesia, entre las preguntas había una que decía: «¿Qué es lo que está permitido ante los *ojos* de Dios en las relaciones sexuales?» ¿Los ojos de Dios? Él siempre ve todos nuestros actos, todas nuestras relaciones sexuales, las que se practican dentro y fuera del matrimonio. Dios vio cuando tu padre y tu madre te concibieron: vio la pasión que allí existía. Sin embargo, la expresión «ojos de Dios» denota la idea de un «Dios» controlador, que está evaluando de forma constante nuestra conducta, y que está esperando para que nos equivoquemos. Esa es la razón por la que muchos buscan satisfacer sus fantasías sexuales fuera del matrimonio, con prostitutas o en relaciones de infidelidad, porque el imaginario dicta que allí no están los «ojos de Dios», porque no puede ver el pecado. No pueden desarrollar sus fantasías con libertad dentro del matrimonio porque temen ofenderlo. No se pueden desnudar porque temen ser obscenos. No pueden jugar con su cuerpo porque siempre creyeron que mostrarse es seducir, y que ello es pecado.

Dios te ha creado con una belleza única, ¿y sabes para qué? ¿Para que se la muestres a Dios? No, si Dios ya la conoce. Tu belleza la ha creado para que se la muestres a tu amado. Cuando Dios ve que haces eso, se alegra en su corazón porque estás haciendo aquello para lo cual te formó en belleza, único y especial. Sin embargo, me dirán algunas, «no me siento bella». Déjame decirte una sola cosa: si tienes a tu amado a tu lado, es porque él ya cree que eres lo suficientemente bella como para haberte elegido. Deja de decir que no eres bella, porque lo terminarás convenciendo. Y por favor, deja de sentirte culpable cada vez que decides expresarte a través del sexo. La culpa es el único sentimiento al que todavía no le he encontrado ninguna función útil. Dicho en palabras más sencillas: sentir culpa no te sirve para nada.

La culpa que esconde la rabia

La culpa, al igual que otros, no es un sentimiento primario sino secundario. Hay sentimientos que son primarios y otros, secundarios, pero hay sentimientos que son, digamos, terciarios. Por ejemplo, si alguien me pisa el dedo, como sentimiento primario voy a sentir *dolor*, y si fue con una bota, ni les cuento. Como sentimiento secundario voy a sentir *rabia*, porque me pisó mi dedo y es mío, y no lo puedo controlar, es algo que, de alguna manera, me aparece. No quise sentirla, pero me dolió y la siento. Y luego aparece un sentimiento terciario, y entonces pienso: «Este me lo hizo apropósito, porque estaba esperando que me acercara para darme el pisotón», «Si me va a seguir pisando, mejor me voy de acá». Y salgo de allí, pero con *odio* contra esa persona. Este sentimiento es terciario, ya que nada tiene que ver con el original, el dolor por el pisotón. Es decir, se originó ahí, en el dolor, pero ya no tiene nada que ver con el mismo.

La culpa es un sentimiento secundario. El sentimiento primario a la culpa es la rabia. Cuando uno tiene rabia no tramitada, no elaborada, rabia contra alguien, aparece como sentimiento secundario, la culpa. Supongamos que ese alguien es tu mamá, y tu mamá viene y te lava los platos, y te plancha la ropa y se mete en tu casa, y te prepara la merienda, y un día tu esposa te dice con cierto enojo: «¡No quiero que venga más!» Tal vez ante esto sientas enojo, ya sea con tu esposa o con tu madre, entonces decides «tomar el toro por las astas» y le dices que tal vez sería bueno que no volviera tan a menudo. Y ella responde: «Pero yo solo te quiero ayudar». Cuando tu mamá se va, sientes culpa. ¿Por qué? Porque piensas: «Y bueno, es mi madre. En definitiva está tratando de ayudar... yo soy un mal hijo», con lo cual la dejas volver, y al tiempo vuelves a sentir rabia, y así sucesivamente.

Hay que resolver la culpa generada por el sexo. Donde hay culpa, detrás está escondida la rabia. Porque es más fácil mostrar culpa, ya que toda la agresividad del individuo está dirigida y se descarga contra sí mismo. En cambio, la rabia está dirigida hacia fuera, hacia otro, y tememos lastimar a los demás porque en realidad tememos perderlos.

La dinámica entre la culpa y la rabia la defino como un soldado mercenario, que lucha por dinero, pero no por su patria. Quienes han leído *El príncipe*, de Nicolás Maquiavelo, recordarán que este le recomienda a Lorenzo de Médicis que «los mercenarios ... son inútiles y peligrosos. Porque de tales armas no nacen más que lentas, tardías y débiles conquistas y repentinas y espectaculares pérdidas». Los soldados mercenarios, decía Maquiavelo, eran cobardes y peligrosos. Esos soldados, en tiempos de paz, se vuelven contra el príncipe que los contrató y le hacen la guerra. Así es la culpa. Es un soldado mercenario, ya que aparentemente la rabia sirve para tener la seguridad de saber que contamos con un ejército para nuestra defensa, pero puede ser inútil y peligroso sostenerla, porque en lugar de usarla para ello, la rabia, si no se descarga de forma adecuada, se disfraza de culpa contra quien la contrató. Es decir, es agresividad que aunque iba dirigida hacia fuera, se vuelve contra el individuo.

Si la esposa no le dice a su cónyuge: «¡Tuviste tu orgasmo y te dormiste. No pensaste en mí!», esa rabia la va a descargar contra sí misma, ya que sigue sintiéndose excitada. Sin embargo, cuando el sentimiento se traduce en palabras, el otro tendrá la oportunidad de decir: «Perdóname, fue sin querer».

Se ha enseñado tanto que el sexo es malo, malo, malo, que es sucio; se ha dicho tanto como se debe hacerlo y cómo no se debe hacerlo, que se ha llenado de culpa a las personas cuando intentan practicarlo. Culpa que en realidad esconde rabia, rabia que aparece cuando el individuo no sabe qué hacer con su sexualidad, con su excitación, ya que solo le han enseñado que es lo que *no debe hacer*.

La posición del misionero

Esta práctica de sembrar culpas data de mucho tiempo atrás, y en los diferentes momentos de la historia de la humanidad ha ido tomando diferentes matices. Por ejemplo, ¿saben cuál es la posición sexual más conocida en sexología? (y dicho sea de paso, la más practicada, por ser considerada hasta el día de hoy como la «más normal»). Claro, la respuesta es: «La posición del misionero». Y bueno, tal vez sabías cuál era la respuesta a la pregunta anterior, pero aquí va otro desafío: ¿sabes por qué se llama la posición del misionero? Puedo asegurarte que no se llama así porque la hayamos inventado en la provincia de Misiones, Argentina, sino porque cuando vino Colón a conquistar América, junto con su comitiva llegaron los «misioneros» Jesuitas. Los señores llegaron a América y, de repente, se metieron a la choza de los indios, y notaron algo que les llamó poderosamente la atención: vieron que el indio tenía a la india ahí de «cuatro patas», y el indio desde atrás... grunchi-grunchi[1], ¡como los perritos! Entonces dijeron:

---

1. Término usado jocosamente por Bernardo Stamateas para referirse a la relación sexual.

—Ah, eso no es bíblico, eso no santo, eso no es puro.

—¿Por qué? Si siempre lo hicimos así —respondieron los indios.

Ellos, con la convicción de conquistadores, dijeron:

—No está bien, porque así lo hacen los animales. ¿Ven el toro como se le monta a la vaca? Bueno, si lo hacen de esa manera, son como animales. No, no lo deben hacer como animales.

Y luego agregan:

—Miren, les voy a enseñar, porque no saben y yo sí sé: deben hacerlo mujer abajo, hombre arriba.

—Ah, haberlo sabido antes —dijeron.

Esa noche, cuando el indio llegó a la choza, le dijo a su india:

—Che, negra, no podemos seguir haciéndolo como lo hacíamos.

La india con asombro le respondió:

—¿Por qué? ¡Si siempre lo hicimos así!

—¿Ves por qué seguís siendo india? Hay que hacerlo mujer abajo, hombre arriba, porque lo dijo el misionero.

—Si lo dijo el misionero, «palabra santa, palabra de Dios».

Y esto lo dijeron a sus hijos, y a los hijos de sus hijos. Y entonces, un día, el hijo del hijo del hijo del indio se caso, y el padre en tono solemne le dijo:

—Mira, resulta que la única posición para el grunchigrunchi es la del misionero.

—¡Pero papá, con ella queremos hacer...!

—No, tienes que hacer la del misionero.

Y a partir de ahí queda la posición del misionero. Incluso hoy se usa este vocablo en sexología. Seguimos totalmente cargados de mitos, de falsas verdades, que provienen de la tradición eclesiástica, de las costumbres. No es mala la iglesia, lo malo es el dogmatismo.

Volvamos a esto: la gente no disfruta del sexo por culpa, pero el sexo es algo precioso, y es buenísimo. Entonces, si queda algo de culpa, busquemos la rabia, porque a veces nos han enseñado tanto que es malo hacer el amor, que cuando se practica la relación sexual, no se puede disfrutar y esto genera rabia, rebeldía. En realidad aparece la rabia porque nos dicen que no lo teníamos que hacer, que estamos pecando, y nos agarra la rabia. El ser humano tiene un problema con el disfrute: todo lo que produce disfrute tiende a generar culpa. Sin embargo, esta culpa, como vimos antes, viene de la rabia, una rabia que aparece porque se reprime la creatividad y la libertad que Dios nos ha dado.

CAPÍTULO SIETE

Si el sexo sirve, ¿para qué sirve?

La testosterona es la hormona masculina por excelencia, es la que se encarga de que al varón le aparezcan pelos en la cara, de que la voz se vuelva más grave, también de que se desarrollen los músculos y fundamentalmente es responsable del impulso sexual, que es una de sus principales actividades.

Sin embargo, esa no es la hormona principal de la mujer. Si bien existe en ellas, no es la predominante. La proporción es de quince a uno; es decir, que por cada quince veces que se la encuentra en el varón, solo una en la mujer. Esta es una de las razones de por qué el varón tiene mayor deseo sexual. La mujer, en cambio, tiene como hormona predominante el estrógeno, que es la responsable de la femineidad, de que se ensanchen las caderas, de que se agranden los pechos, que la voz se vuelva aguda, y más.

A pesar de ello, eso no quiere decir que dicho dato sea condicionante para la sexualidad. Porque ustedes mismos verán en muchos casos, o lo vivirán en sus propios matrimonios, que a veces la mujer tiene más deseos que el hombre. Lo que esto explica es que los varones viven la sexualidad con mayor intensidad, con una sensación de urgencia, que parecería que la postergación del acto sexual es imposible. Además, tengamos en cuenta que el deseo sexual siempre aparece ante la falta del mismo, y de forma paradójica, es inversamente proporcional a la oferta de sexo; es decir, a mayor oferta, suele disminuir el deseo. El deseo sexual no solo está regulado por los factores hormonales sino por la dinámica de la pareja.

La testosterona se eleva mediante los sentidos: el olfato, el oído, el gusto, el tacto, la vista, y este último es el sentido más usado por los varones. De manera habitual, los varones son más visuales que las mujeres, de allí que toda la pornografía está especialmente creada para los varones (me atrevo a decir que de cada veinte varones que consumen pornografía, solo encontraríamos una mujer). No existe pornografía para mujeres, porque ellas, en líneas generales, no la consumen. Por supuesto que la excepción puede confirmar la regla. Muchas veces, cuando la mujer consume pornografía, lo hace porque esta con un grupo de amigas, lo hace por conocimiento, porque cree que aprenderá allí cosas que desconoce o duda sobre su sexualidad, o lo hace porque se acaba de divorciar y la practica con una profunda sensación de despecho o venganza hacia su reciente ex. La mujer no suele mirar pornografía para después masturbarse en el baño, como sí lo hacen los varones. Los hombres muchas veces, para poder masturbarse, utilizan la pornografía; es decir, la buscan para luego, de alguna manera, tener una excusa para poder estimularse, como la herramienta principal para lograr la excitación.

Todas las revistas con mujeres desnudas o con escasa ropa están hechas para hombres. Las fotos de varones que están desnudos en las páginas de internet o en revistas pornográficas no están hechas para mujeres sino para hombres, porque un hombre que muestra su cuerpo desnudo no lo mira una mujer sino otro hombre. Para el varón, el sentido más desarrollado, sexualmente hablando, es la vista.

Hay una variante dentro del consumo de pornografía, y es la de matrimonios que ven pornografía para excitarse. Ese es un punto muy importante. Hay muchas parejas que utilizan este tipo de videos como una forma de lograr la excitación. Y si bien es cierto que esto puede generar excitación, también es cierto que es un atentado directo contra la creatividad y las fantasías sexuales de la pareja matrimonial. El daño en este caso no suele ser a corto plazo sino a mediano o a largo, ya que una pareja que necesita pornografía para poder estimularse con su cónyuge, es probable que ante un nuevo encuentro sexual necesite una nueva dosis de imágenes. Del mismo modo que el alcohólico necesita de la bebida para vincularse socialmente; se relaciona sí y solo sí hay alcohol.

Mucha gente piensa: «Yo no miro pornografía sino las películas eróticas». Las eróticas también son pornografía, así no muestren genitales. Todo lo que muestra la intimidad sexual públicamente es pornografía.

La intimidad es una de las razones por las cuales Dios ha permitido que los seres humanos tengamos sexo. Cuando permitimos que nuestra intimidad de pareja sea contaminada por extraños, o por imágenes sexuales, se pierde la comunión, ese momento único y especial. De la misma manera, cuando entramos en contacto con Dios, se genera un momento especial, único, y Dios quiere ese momento con nosotros para que fluya su Espíritu Santo. Allí es donde Dios habla a nuestros corazones de una forma tal que solo quien lo ha experimentado puede dar cuenta de ello.

Ahora bien, ¿qué sucede si entra uno de nuestros hijos y nos encuentra en ese momento tan íntimo con Dios, y comienza a hablarnos? Luego de que se vaya, no será lo mismo, porque se rompió la intimidad. Esa relación con Dios es tan íntima que se parece a una relación sexual, donde no conviene que nadie interrumpa, donde se necesita estar a solas con él. Y así pasa con las relaciones sexuales.

Las funciones de la sexualidad

Este es un aspecto muy importante, ya que es necesario tener bien claro *para qué sirve* la sexualidad, porque, como todas las cosas en nuestras vidas, es fundamental conocer para qué las tenemos. Cuando alguien va al supermercado sin saber para qué, corre el riesgo de comprar cosas que no necesita, en vez de ir a comprar cosas importantes. De la misma manera pasa en la sexualidad: es necesario saber para qué tenemos sexo.

Hay cinco funciones básicas que debemos tener presentes:

1. La función de la reproducción, «hemos cerrado la fábrica»

Esta es una de las primeras funciones de la sexualidad, y tal vez es la más conocida. De aquí que muchas parejas adultas dejan de tener sexo, porque ya no hay posibilidades de reproducirse. Muchas personas mantienen la sexualidad con gran esfuerzo porque entienden que deben darle la oportunidad a Dios de bendecirlos con un bebé, pero cuando ya están entrados en años y no existen posibilidades físicas para la reproducción (porque, por ejemplo, la mujer ha entrado en la menopausia), abandonan la sexualidad y pretenden vivir el resto de sus matrimonios así. Estas personas dicen: «Hemos cerrado la fábrica».

Y lo que todos entendemos como un mensaje de «no más hijos», en realidad muchas veces quiere decir no más sexo; porque ya no es necesario, porque ya tienen la cantidad de hijos que siempre quisieron, o simplemente porque ya no es el momento para tenerlos. Parece mentira, pero aún hoy existe mucha gente que no disfruta de la sexualidad, que solo la práctica por obediencia, o por miedo, para cumplir con supuestos mandatos sociales y familiares: «Si no le das sexo, se lo va a buscar fuera», «Tienes que desarmar el arma en casa. Si no, saldrá a disparar fuera». Todas estas son mentiras que solo han servido para justificar infidelidades.

Por otra parte, es cierto que el sexo sirve para reproducirnos, pero esta es solo una de las funciones, ni siquiera es la más importante, porque, por ejemplo, hoy existen métodos de reproducción asistida, donde no es necesaria la relación sexual para la procreación. De todos modos, podemos estar de acuerdo en que el sexo es más divertido, ¿verdad?

2. La función de proporcionar placer

Otra de las funciones de la sexualidad es proporcionar placer. De esta función hay poco para decir, simplemente porque es la más obvia. Nos relacionamos sexualmente porque genera placer; nos hace sentir bien.

Dios ha hecho tan lindas las cosas, que nos dio una fuerza para reproducirnos espectacular, buenísima. Como decíamos antes, Dios quería asegurarse de que nos reprodujéramos, quería garantizar que sus criaturas cumplirían con el mandato de llenar la tierra. Para ello diseñó un plan que hace que el ser humano se sienta particularmente atraído hacia la práctica que facilita el cumplimiento de ese mandato. La sexualidad despierta sensaciones de bienestar y placer.

Es importante dejar en claro que hay cientos de miles de personas que no ven la sexualidad desde esta perspectiva; porque no pueden disfrutarlo. El sexo sirve para darnos placer y eso es bueno. Dios lo hizo así.

No obstante, siempre se ha asociado al placer con la lujuria y el pecado, por ello muchos de los que no pueden gozar de la sexualidad piensan que, al disfrutarla, están ofendiendo personas que tal vez ni conozcan: «No puedo permitirme disfrutar de esto cuando hay tanta gente sufriendo en el mundo... tantos niños que se mueren de hambre...» O piensan que al disfrutarlo, ofenderán a Dios: «El Señor no quiere esto para mí... la verdadera humildad es el sufrimiento y el dolor, no el placer efímero y pasajero», «Sufriremos aquí, pero reinaremos allá». Dios no te puso en este mundo para que pienses en el cielo. Si fuera así, ya te hubiese llevado allá. El paraíso no comienza en el cielo sino en la tierra. ¿Qué nos hace pensar que una persona que no sabe disfrutar de las cosas que Dios ha creado aquí en la tierra podrá hacerlo en el cielo?

Martín Seligman, psicólogo estadounidense, ha demostrado fehacientemente que las personas que tienen dificultades para disfrutar de las cosas naturales presentan esta misma dificultad, incluso después de que les haya acontecido algo muy positivo como casarse, tener un hijo, o ganarse la lotería. Él y su equipo demostraron que personas a las que les sucedían algunos de estos acontecimientos, en poco tiempo volvían a sentirse deprimidos, tristes y a sentir que la vida era injusta con ellos.

Por eso, más te vale que empieces hacer algo para disfrutar de la vida que Dios te ha dado.

También hay personas que creen que si disfrutan del sexo, traicionan a sus padres. Imaginariamente creen que están traicionando a sus padres con su actual cónyuge, y por ello no pueden permitirse sentir ni mostrar placer.

Aun en la actualidad hay muchas mujeres que creen que disfrutar de un orgasmo es sinónimo de prostitución: «El sexo es para prostitutas, porque ellas lo disfrutan». Y eso es falso, las prostitutas padecen el sexo, lo sufren.

Por último, hay mujeres que no pueden relajarse al punto de perder el control (y tener un orgasmo), porque es demasiado peligroso, porque deben seguir manteniendo el control siempre. Que pierdan el control es colocarse en una situación de extrema vulnerabilidad. Debo decirte que tus miedos y sensaciones no tienen nada que ver con el orgasmo sino quizá de momentos donde realmente has sido vulnerada y has perdido el control y, por supuesto, te han lastimado. Y esos instantes están proyectados sobre tus relaciones sexuales. Es por eso que temes la sexualidad. Temes que esos momentos se vuelvan a repetir y no puedas controlar lo que hubieras querido tener.

La sexualidad sana, sana tu alma, sana tu vida. Y hay que disfrutarla, porque de la misma depende mucho tu autoestima, que es el siguiente punto que veremos.

3. La función de aumentar la autoestima

La autoestima es la estima propia; es la evaluación que hacemos de nosotros mismos, del desempeño que tenemos en la sociedad. Cuando un ser humano se siente bien consigo mismo y con el mundo, decimos que tiene alta su estima. Cuando se siente mal, decimos que tiene baja autoestima. Entonces es lógico pensar que cuando un individuo tiene una vida sexual insatisfactoria, baja su autoestima. Por el contrario, si la vida sexual es rica, plena y satisfactoria, es seguro que lo será también la estima.

¿Quiere decir esto que un individuo con baja autoestima tendrá relaciones sexuales insatisfactorias? Pues bien, es de esperar que alguien así genere todo tipo de sensaciones negativas y que luego las reproduzca en sus conductas. Esta es la razón de por qué muchos tienen vergüenza de su desnudez; tienen baja la estima y consideran que su cuerpo es feo y defectuoso. Por lo tanto, temen que el otro se dé cuenta de ello. Para evitar que eso suceda, terminan por ocultar su cuerpo y pierden así la libertad. Y frente a esta pérdida de libertad, la sexualidad se ve frenada, ya que la persona está más ocupada en taparse que en disfrutar del encuentro sexual.

Por otra parte, es muy frecuente que en el caso de un varón con disfunción eréctil, su baja estima lo haga estar más concentrado en su pene (dicho sea de paso, se lo ve todos los días) que en el cuerpo de su mujer, que le agrada, lo seduce, pero que no la ve desnuda todos los días, o por lo menos no en una posición sexual y seductora. Es justamente *la idea* de que si no logra una erección, su mujer lo dejará, se burlará de él y no querrá estar más a su lado, lo que genera la disfunción. Y esta idea parte de una estima lastimada, una que cree que no es lo suficientemente atractivo para ella como para lograr retenerla.

Lo mismo sucede con una mujer que cree que va a retener a un hombre solo cuando le proporciona relaciones sexuales. Esta idea también surge de la baja estima de ella, una idea que parte del pensamiento de que no se tiene nada agradable para lograr conquistarlo y retenerlo, salvo por su cuerpo, que en este momento él manifiesta necesitar.

La psicología cognitiva ha explicado cómo funciona el procesamiento mental y nos ha enseñado cómo repercute en nuestro diario vivir. Los psicólogos de esta corriente dicen que *un pensamiento* genera *un tipo de emociones* y no otro, y que este conjunto de emociones desencadena *una actitud* determinada y no otra, que a su vez retroalimentará el pensamiento original. Veamos el siguiente cuadro:

Gráfico 3

Si una persona piensa que es desagradable, que no hay nada atractivo para mostrar, tiene baja su estima. Sus emociones no serán positivas. Por el contrario, sentirá vergüenza, miedos e inseguridad. Este conjunto de emociones solo permitirán un tipo de actitud, y no otra, como esconderse, no hablar, entre otras. Estas actitudes a su vez aumentarán los pensamientos negativos, que llevarán a un incremento de las emociones negativas y las actitudes disfuncionales (actitudes que no funcionan). Sin embargo, este cuadro también se cumple en lo positivos: si alguien piensa bien de sí mismo, sentirá emociones agradables, que lo llevarán a tener actitudes más favorables y funcionales, que a su vez seguirán generando pensamientos positivos. Esto que se cumple en todas las áreas de nuestras vidas, de igual manera se expresa en nuestra sexualidad. Una mujer que cree y piensa que le dolerá su primera relación sexual sentirá miedo, esto la llevará a estar tensa y a contraer los músculos, lo que generará dificultades en la penetración, y seguramente dolor. Todo lo cual la llevará a confirmar la creencia, que se repetirá en las siguientes generaciones. Es por esto que es importante pensar de manera correcta de nosotros mismos. La Biblia dice: «Porque cual es su pensamiento en su corazón, tal es él» (Proverbios 23:7 RVR 1960). Si piensas mal en tu corazón, así serás. Debemos pensar correctamente de nosotros mismos. Pensar bien.

Hace poco un amigo me dijo:

—Pensar y decir que uno es bueno en algo es ser soberbio.
—No, saber que uno es bueno en algo y poder reconocerlo, significa que tengo buena estima. La soberbia es pensar que soy el mejor y que no hubo ni habrá alguien que haga las cosas tan bien como yo. Decirlo y pretender que todos piensen lo mismo, eso es soberbia.

Hemos confundido autoestima con soberbia. Ninguno de nosotros quiere consultar un médico que frente a la pregunta: «¿Doctor, me puede ayudar?», responda: «Bueno, yo no sé, creo que existen muchos médicos mejores que yo. ¿La verdad es que no sé cómo me dieron el título? Vamos a probar con esta medicación que creo es la que se usa para casos como el suyo». Todos esperamos seguridad en la respuesta: «Sí, puedo ayudarle. Sé que la medicación que le voy a dar le hará sentirse mejor». Debemos pensar lo que Dios piensa de nosotros y declararlo tantas veces hasta que realmente logremos creerlo, y esto empiece a formar parte de mi estima personal, de mi buena estima personal. En Jeremías 29, Dios declara: «Porque yo sé muy bien los planes que tengo para ustedes, afirma el Señor, planes de bienestar y no de calamidad, a fin de darles un futuro y una esperanza» (v. 11.)

Si Dios piensa bien de nosotros, ¿por qué insistimos tanto en pensar mal de nosotros mismos? Recuerda: *pensar mal de ti mismo no es bíblico.*

Los varones tienen dos fuentes de autoestima, dos lugares de donde principalmente recolectan elementos para forjar una buena estima: el trabajo, y el sexo. No quiere decir que no tienen otras áreas de dónde sacar autoestima. Sin embargo, cuando un hombre le va mal en el trabajo, es probable que tenga problemas en el sexo; y cuando tenga problemas sexuales, le será difícil sostener el trabajo, pedir un aumento de sueldo, o tener ideas creativas. Porque cuando se tiene la estima sexual baja, también baja la estima laboral.

Las mujeres, por su parte, también tienen estima sexual. La mujer recolecta estima de otras áreas, como ser valoradas por sus maridos. Por supuesto que, también en la mujer, el trabajo y el sexo son fuentes de autoestima, pero no nos olvidemos de que aún hoy vivimos en una sociedad machista, que conserva los viejos paradigmas, aunque hayan cambiado sus discursos. Entonces aun hoy la mujer pareciera que no debería trabajar o iniciar una relación sexual, ni mucho menos pretender sentirse bien consigo misma a través del sexo y el trabajo. Por supuesto que esto es falso.

Durante muchos años se ha enseñado que el hombre es el único que tiene derecho a disfrutar de la relación sexual. Y no solo eso sino que además debe tener garantizado el resultado de que el único que puede desarrollarse en su trabajo es él. Esta es la razón por la que existen esos conceptos machistas acerca de que el varón sigue teniendo como fuentes principales de su estima el sexo y el trabajo.

Sabrán ustedes que el Sindenafil, popularmente conocido como Viagra, ha comenzado a ser utilizado como una droga que mejora el rendimiento sexual hace relativamente poco tiempo. Este descubrimiento fue casual. El Viagra era un remedio utilizado para el corazón (que incluso lo toman las mujeres). Sin embargo, quienes suministraban dicho medicamento descubrieron que los hombres regresaban para pedir que se les diera más. Cuando les preguntaron para qué lo querían, respondieron que con esa droga habían recuperado las erecciones.

Como dice mi esposa: «Nada es sin consecuencias». La famosa liberación femenina, que ha permitido, entre otras cosas, que la mujer demande sexo, y no solo eso, sino que demande satisfacción sexual, ha colocado al varón en un rol desconocido y bastante incómodo. A ningún varón se le enseñó cómo dar satisfacción sexual, ni mucho menos qué se debe hacer ante una demanda de este tipo. Hemos estado acostumbrados a ser nosotros los que decidimos cuándo sí y cuándo no tener sexo, a qué hora y de qué manera hay que hacerlo. Frente a la nueva demanda de la mujer ha aumentado de forma considerable los problemas sexuales de los varones, en especial la disfunción eréctil, y justamente frente a este nuevo problema aparece la «píldora mágica» que resuelve el problema.

Tu estima sexual no debe depender de una píldora sino de una visión sana de ti mismo, y de mantener relaciones sexuales que favorezcan tu buena autoestima, que a su vez retroalimenten una correcta y saludable imagen de ti mismo.

4. La función de facilitar la intimidad de la pareja

Una pareja que no tiene sexo, no tiene intimidad. Hablan de política, de fútbol, de cualquier cosa, menos de sexo, pero tampoco hablan de cosas importantes como proyectos en común. Cuando una pareja va al consultorio y empieza a recuperar su vida sexual, una de las primeras cosas que puedo observar es que empiezan a tocarse: se abrazan y se dan besos delante de mí. Y eso está bien. Así tiene que ser. Cuando observo esto, pienso: «Están mejorando, porque están empezando a tener intimidad». Esa pareja ha empezado a sacar todo lo que no tiene que ver con la intimidad del matrimonio. Cuando se recupera ello, el deseo de permanecer junto al otro regresa, ese deseo que hace que en el noviazgo la pareja nunca se satisfaga con la presencia de su amado.

La pareja de tigres corren juntos aproximadamente veinte kilómetros para realizar su relación sexual. El macho sabe que cuando va a penetrar a su hembra, será tan alto el nivel de excitación que perderá el control sobre su entorno y otro macho podrá venir por las feromonas de la hembra, y atacarlo por la espalda y matarlo, y quedarse con la hembra. Por eso corren juntos y arman un pequeño espacio de intimidad ahí en la jungla. De igual modo, debemos buscar tener intimidad para tener relaciones sexuales, y hay que tener sexualidad para tener intimidad; porque la sexualidad favorece y fomenta la intimidad. Recuerda que la relación sexual es un lenguaje que solo conocen tú y tu cónyuge.

5. La función de incrementar una identidad sana

La sana sexualidad funciona para generar una sana identidad. Lo contrario también pude ser cierto: una sexualidad enferma y lastimada puede generar una identidad enferma y distorsionada. He atendido mucha gente que viene al consultorio con una mala sexualidad y termina optando por la homosexualidad, ya que su problema sexual pasa a ser una evidencia de una identidad homosexual. Su pensamiento es: «Si no puedo disfrutar del sexo con mi cónyuge, es porque tal vez soy gay».

Es muy común encontrar casos donde al muchacho le cuesta trabajo tener una erección y viene con su esposa al consultorio, se confronta con la idea de su supuesta homosexualidad. La señora, en un determinado momento, delante de él, dice: «Discúlpeme, pero le quiero hacer una preguntita: ¿no será que lo que le pasa en realidad es que tiene una homosexualidad reprimida, de la cual nunca se dio cuenta?» Para ese instante, el muchacho arranca sudando la «gota gorda». Generalmente contesto con una respuesta muy sencilla y lógica: «Los varones homosexuales, para tener una relación homosexual, tienen que tener una completa y total erección para realizar el acto en cuestión».

Esta idea de asociar una disfunción eréctil a la homosexualidad es muy común, tanto que en todo grupo de hombres la idea circula a tal punto que se transforma en temor, y una de las razones principales del porqué esconden muchos varones sus problemas de erección es porque temen ser tildados de homosexuales.

También es frecuente encontrar mujeres que, debido a un síntoma sexual, terminan optando por sostener relaciones homosexuales. Chicas que dicen: «Soy lesbiana», al ir a su historial, se descubre que, como antecedente principal, tienen un síntoma sexual con una pareja heterosexual, pero no asocian lo uno con lo otro. Tal vez la relación heterosexual fue muy dolorosa, muy traumática. Y no me refiero a una violación o abuso sexual (porque estos hechos generan otro tipo de consecuencias en las mujeres) sino a una relación sexual que fue desagradable. Todo ello permite interpretar como evidencia una homosexualidad reprimida, ya que si no existe la posibilidad de disfrutar con un hombre, tal vez se tenga que hacer con mujeres.

Otro ejemplo de esto es el abuso sexual que intoxica la mente de un individuo y, como consecuencia, en algunas oportunidades, genera homosexualidad. Sin embargo, no todo abusado es homosexual. Sí, muchos de ellos fueron abusados en su infancia. En la mujer, el abuso sexual genera otro tipo de cosas, como prostitución, pero no homosexualidad.

A lo largo de mi profesión he atendido muchísimos chicos cristianos que presentan esta idea de homosexualidad en la cabeza, y todo debido a una mala experiencia sexual. Lo más triste es que prueban y encuentran con quién probar, y esto les genera identidad, porque la sexualidad contribuye a formarla. Sobre todo, esto se da en los adolescentes que están en plena formación de su personalidad. El problema es que cuando un adolescente en formación se encuentra con un síntoma sexual, llevará este problema a su identidad sexual; porque no olvidemos que está en una etapa de construcción de su identidad.

Esta es una de las respuestas a la pregunta: «*¿Por qué conviene que el joven no tenga sexo antes del matrimonio?*» Porque el adolescente está en formación de su identidad. El riesgo está en llevar el problema a su identidad, y que haga parte de la misma sin ningún miramiento, ni un cuestionamiento serio y objetivo. Además, cuando no tiene un marco llamado matrimonio que lo proteja, no existe el compromiso social y, por ende, alguna garantía de permanencia (ya que hoy ni siquiera el matrimonio pareciera ser la garantía). Por lo tanto, es lógico pensar que ante la aparición de un síntoma sexual, la pareja piense de inmediato en la disolución del vínculo matrimonial.

Por otro lado, es natural pensar que si una pareja se casa, es porque se ama, y no porque tendrán buen sexo. La garantía es que ante la aparición de un síntoma sexual, él o ella no se dejarán ni saldrán corriendo; porque se supone que buscarán solucionar las diferencias: *el matrimonio y el amor los protegerán.* Entonces, una de las dificultades de tener relaciones sexuales fuera del matrimonio es que no existe ese encuadre de protección de antemano, que figura un cuidado. Si aparece un problema sexual, rápidamente la persona tiende a buscar la separación. Por ello no hay que apurarse a tener relaciones sexuales, ya que estas forman parte de la construcción de nuestra sana identidad.

CAPÍTULO OCHO

No puedo estar contigo. ¡Eres un animal! Te quiero tanto, pero parecemos dos hermanos ¡Eres un ángel!

«Y dijo: "Hagamos al ser humano a nuestra imagen y semejanza. Que tenga dominio sobre los peces del mar, y sobre las aves del cielo; sobre los animales domésticos, sobre los animales salvajes, y sobre todos los reptiles que se arrastran por el suelo". Y Dios creó al ser humano a su imagen; lo creó a imagen de Dios. Hombre y mujer los creó ... Dios miró todo lo que había hecho, y consideró que era muy bueno»

—Génesis 1:26-27,31.

Hace poco me regalaron el libro de Rod Bell, *Sexo vida*, una producción muy interesante, que recomiendo leer. Y bueno, quisiera volver sobre algunas ideas que encontré allí. Dice la Biblia que nosotros, varón y hembra, fuimos creados a imagen de Dios. Siempre hemos pensado que la semejanza tiene que ver con lo físico, pero lo más importante es que Dios nos ha dotado de un espíritu. Todos los humanos tenemos un cuerpo y una dimensión espiritual, pero los animales no, porque solo tienen cuerpo. ¿O alguna vez ha visto un gato reflexionar acerca de su futuro? ¿O un perro preocupado por si va a poder mantener la cría que está a punto de concebir? La verdad es que no, no existe la preocupación por el futuro, ni la capacidad de reflexionar sobre si está comiendo mucho y se verá gorda frente al espejo. Y esto es así porque los animales tienen cuerpo físico, pero no tienen espíritu. Los humanos tenemos cuerpo como los animales, pero además lo que nos identifica como tal es que tenemos espíritu. Esa dimensión espiritual es justamente una de las cosas que Dios nos dio a su imagen y semejanza.

> «¿No son todos los ángeles espíritus dedicados al servicio divino, enviados para ayudar a los que han de heredar la salvación?» (Hebreos 1:14).

El anterior texto habla de otros seres creados por Dios, los ángeles, que son espíritus creados para servirle, y fueron enviados para ayudar a los herederos de la salvación. Sin embargo, no tienen cuerpo. El matrimonio, el sexo y la procreación no forman parte de la dimensión de los ángeles o de su existencia. Entonces tenemos tres criaturas creadas por Dios: los animales, los ángeles y nosotros los seres humanos. Los animales tienen cuerpo, pero no tienen espíritu; los ángeles tienen espíritu, pero no tienen cuerpo; y nosotros tenemos cuerpo, sensaciones instintivas, corporales, pero además tenemos espíritu. Tenemos cuerpo como los animales y espíritu como los ángeles de Dios.

Dos dimensiones que coexisten

Cuando negamos nuestra *dimensión espiritual,* terminamos viviendo como animales, y esto es lo que muchas veces observamos en la sociedad. Cuando un individuo niega lo espiritual, comienza a vivir de forma instintiva y a justificar sus acciones desde allí; como que tienen derecho porque les nace, porque lo sienten: «¡Tengo derecho a tener sexo; es una necesidad!» Y como ya lo hemos dicho antes, el sexo no es una necesidad. Este punto de vista no tiene en cuenta la condición racional del ser humano y acaba por cometer todo tipo de actos aberrantes, siempre intentado justificarlos desde una supuesta necesidad biológica, natural, como si fuéramos animales que tienen relaciones sin compromiso, y donde solo se dejan guiar por el instinto. Con frecuencia escucho en el consultorio historias donde tanto hombres como mujeres participan de encuentros sexuales guiados por este principio.

Hace unas semanas atrás, un joven me relató que fue invitado a una «fiesta» donde, al pagar una entrada, adquirió el derecho de participar de una gran orgía. Una de las escenas que más le impactó fue que mientras recorría el salón y observaba a todos los que estaban desnudos, incluso él se detuvo en un grupo donde una joven mantenía una relación ocasional con otro joven al que acababa de conocer pero, alrededor de ellos, otros tres varones estaban masturbándose. Y él me relataba que esto era una señal de que estaban interesados en participar de ese encuentro.

A veces pienso que tal vez sería mejor no incluir relatos como el que acabo de escribir, ya que seguramente para algunos pueden resultar muy ofensivos. Sin embargo, creo que nuestro deber es ser mansos como ovejas, pero astutos como serpientes. Debemos estar al tanto de estas cosas que suceden a nuestro alrededor, y que intentarán hacernos creer que son normales, ya que son una respuesta al instinto, a la necesidad sexual. Esto es animal, perverso.

Cuando negamos nuestra *dimensión física y sexual*, sucede que pretendemos vivir como ángeles, que es lo que nos han enseñado mucho tiempo en las iglesias. Se nos ha dicho que sería bueno que nos pareciéramos a los ángeles, parecer unos santitos angelitos: «Tu hijo sí que es un angelito. ¡Qué bien que se porta!»

Sin embargo, los ángeles no tienen cuerpo. Tenemos que conocer nuestro cuerpo y no pretender vivir como ángeles, porque no somos como ellos. Dios ha creado nuestro cuerpo de una manera tal que, ante determinados estímulos, reacciona con sensaciones físicas y sexuales. Negar esto, pone al individuo en serios riesgos de tropezar sexualmente. Por ejemplo, supongamos que un hombre casado concurre a su trabajo y, al cabo de un tiempo, detecta que se siente atraído por su compañera laboral. Es consciente que debe alejarse de ella y tomar las medidas de precaución como evitar estar a solas con ella o llevarle un café cada mañana. No obstante, si este mismo hombre niega esas sensaciones, no será capaz de ser consciente de las mismas y es muy probable que no solo no evite los encuentros sino que los provoque, siempre con el argumento de ser solidario con sus compañeros de trabajo.

Ahora entendamos bien algo, Dios nos ha creado con la capacidad de sentir cosas por las personas que nos rodean. Un ejemplo de esto es la empatía, o el amor al prójimo. De igual manera, la sensación de atracción es natural y es un sentimiento primario (como ya explicamos antes). La dificultad no radica en sentir lo que sentimos sino en qué hacemos con lo que sentimos. Creo que hasta ahora siempre se ha enseñado que si una persona siente algo por alguien que está a su lado, es peligroso y está al borde de una equivocación. Esta es la razón que ha llevado a los cristianos a negar la idea de que experimentan este tipo de sentimientos, y es justamente cuando un sentimiento está negado que se vuelve inmanejable, y todo porque no se lo conoce. ¿Cómo se puede manejar lo que no se sabe que está allí? Un ejemplo de esto es la forma como se describen algunas conductas: «No sé qué me pasó... de repente estaba ahí... no sé cómo llegamos a esto». Todas estas son expresiones carentes de responsabilidad personal, las cuales denotan una negación de los sentimientos previos.

Sin embargo, cabe aclarar que sentir algo y tomar consciencia de ello no es evidencia de que se deba actuar en dicha dirección. Sentir algo por alguien no es una señal de que Dios está guiando al individuo hacia esa persona. He escuchado que mucha gente pide a Dios algo así como: «Si tú no quieres que esté con él, quita de mí este sentimiento». Y claro, como al día siguiente el sentimiento seguirá estando allí, este individuo interpretará que es una evidencia de que debe continuar con este sujeto solo porque el Señor no «extirpó» dicho sentimiento «amoroso». Esta es una forma de autoengañarse. El sentimiento no funciona como evidencia, como un mapa para saber qué hacer o qué decisión tomar; el sentimiento es consecuencia de los actos. No se puede sentir algo por alguien a quien no se conoce, porque primero aparece un hecho (conocer a alguien), luego, como resultado de ello, aparecerá un sentimiento que dirá qué hacer con este nuevo conocido. Si se siente miedo, optará por alejarse; si el sentimiento es la compasión, se buscará ayudarlo; si el sentimiento es atracción erótica, elegirá la seducción o alejarse.

Como decíamos antes, ambas maneras, la de negar nuestra dimensión física y nuestra dimensión espiritual, resultan destructivas porque Dios nos hizo seres humanos. No debemos pretender negar nuestro espíritu y vivir como animales o negar nuestro cuerpo, y vivir como ángeles. La sociedad trata al sexo solo como un instinto animal. Su premisa es: «Hay que proporcionar el placer que necesita el cuerpo», sin tener en cuenta la dimensión espiritual. Uno prende la televisión, y se encuentra con que en lo único en que se hace hincapié son en las necesidades corporales. Por otro lado, la iglesia, durante muchos años, trató de espiritualizar el sexo al pretender que seamos ángeles en la sexualidad. Al creador de la revista Playboy le hicieron una entrevista, y dijo: «En mi casa no se hablaba de sexualidad. Para lo único que servía era para reproducirse. Todo lo demás era pecado». No es raro que cuando en un hogar solo se enfoca el aspecto de la sexualidad como una función reproductora, los individuos se vayan al otro extremo y vivan el sexo como algo instintivo, puramente carnal y animal. La reacción frente a la negación será irse al otro extremo, como la perversidad.

Y bueno, ambas dimensiones son parte de nuestra existencia y tenemos que funcionar como un péndulo; tenemos que reconocer nuestra parte animal, que consta de nuestras sensaciones, sumada a los instintos y reacciones fisiológicas de nuestro cuerpo; y tenemos que reconocer lo que el cuerpo nos despierta, pero sin olvidarnos de la parte espiritual. No podemos hacer lo que nos viene en gana. Hay que ser conscientes de que la sexualidad es una forma de expresarnos con los demás; es una forma de comunicarnos.

Las diferencias que nos diferencian

La relación sexual para el hombre y la mujer no es lo mismo. Un hombre muchas veces puede tener sexo por el sexo en sí mismo, en cambio, para la mujer la sexualidad es mucho más que un mero hecho carnal. Implica afecto, caricias, ternura, que luego despiertan la pasión.

El hombre busca cubrir sus necesidades físicas y algunas emocionales y la mujer, las emocionales además de las físicas.

Los varones, por lo general, cuando quieren tener sexo, se mueven por el deseo físico y, como acción secundaria, intentarán cubrir algunas necesidades afectivas. Para las mujeres lo primordial es suplir sus necesidades emocionales, para luego satisfacer las físicas, cosa inversa a los hombres. Una mujer difícilmente podrá tener sexo en una relación donde no ama o no se siente amada, porque esta sensación de aceptación, amor y cariño será un requisito para el disfrute pleno. Esto no quiere decir que la mujer, en su intento de emular al hombre (ya que históricamente han sido los hombres los que tenían *el permiso* social para mantener relaciones ocasionales), no disfrute de una relación ocasional con un individuo que acaba de conocer. Todo lo cual significa que siempre preferirá una relación con alto contenido afectivo, a tener la iniciativa sexual cuando no exista algún tipo de sentimiento positivo. Y esto es una parte importante de entender en nuestra sexualidad y en la consejería, porque muchas veces los hombres reclaman más sexo pero no están dispuestos a ser cariñosos con sus esposas o a veces las mujeres reclaman cariño, pero no están dispuestas a tener sexo con sus maridos.

Aunque esta tendencia (la de pedir sexo) hoy está cambiando, las mujeres están empezando a pedir sexo y los hombres, como reacción a ello, tienden a paralizarse frente a esta demanda. Esto lo he observado en las últimas conferencias que he dictado. Se acercan los líderes y dicen antes de cualquier otra cosa: «Te quiero contar algo: acá nos pasa que las mujeres quieren tener sexo con sus esposos, pero los hombres no... también hay casos de mujeres que están desesperadas porque el hombre hace tres o cuatro meses que no quiere tener sexo». Y creo que esto tiene que ver con los últimos cambios a nivel social, gracias a los cuales la mujer tiene más libertad, puede pedir y ello inhibe o paraliza al varón, simplemente porque no está acostumbrado o porque el mandato social siempre fue que la iniciativa la debían tener ellos. De todos modos, en líneas generales, los varones buscamos satisfacer nuestras necesidades físicas, mientras que las mujeres, las emocionales.

Para la mujer, excitarse es más una cuestión de voluntad, que una respuesta a las caricias del varón.

La respuesta sexual por excelencia en los varones se da por medio de las caricias. La excitación en la mujer tiene más que ver con la voluntad, que con una respuesta a ciertas caricias. Cuando una mujer elige no excitarse, no se excita. No obstante, si recordamos el punto anterior, donde veíamos que la mujer se excita de acuerdo al ambiente emocional que se creó, los varones sabrán que tendrán que hacer algo. Ellos proyectan en la mujer sus propias necesidades y gustos. Como el varón responde a las caricias (en particular las caricias genitales), interpreta que estas también responderán a dichas caricias. Por lo tanto, realiza lo que cree que a ella le gustará.

El hombre llega a su casa y toca el timbre (acaricia zonas erógenas, como un permiso para acceder a un encuentro sexual), mientras espera una respuesta positiva a su actitud. Sin embargo, no es muy frecuente encontrar mujeres que no *interpreten esto como un insulto*, como algo ofensivo. La creencia asociada es: «Solo le interesa eso, el sexo, pero no está interesado en mí». La realidad es que los varones somos poco creativos. Vamos directamente a la parte que más nos gusta, nos atrae y que, con el mecanismo de la proyección, pensamos que es lo que más les gusta a ellas. Es por esta misma razón que el varón no entiende por qué su mujer se queja. Él cree que está haciendo una caricia amorosa, pero sentirá como rechazo la respuesta negativa de la esposa. También es importante aclarar que las mujeres deben entender que cuando el varón busca sexo, no está necesariamente menospreciando a su esposa. Muchas veces puede ser su manera de demostrar cariño, afecto o interés por ella, por lo cual el fastidio de ella será interpretado como rechazo. Frente a este dilema, creo que la solución es el diálogo: si algo no gusta, lo mejor es hablarlo, no expresarlo con el cuerpo a través de enojo, rabia o un consecuente distanciamiento.

Es interesante escuchar los relatos en el consultorio de cómo se inician o cómo se busca hacer entender al cónyuge que se quiere mantener relaciones sexuales. Cuando pido que relaten una escena típica de un comienzo sexual, la respuesta es casi siempre la misma: se empieza en la cama, se quitan la ropa, se tocan genitales y allí empieza la penetración. Aunque todo ello es un aspecto importantísimo, hay que recordar que la mujer necesita todo un preámbulo para lograr excitarse. Además, es conveniente que el varón incorpore esta parte de forma habitual en la relación sexual, ya que presenta un fenómeno que la mujer no tiene: *el período refractario*, el cual consiste en un lapso de tiempo durante el cual, cualquier aproximación sexual, es percibida como irritante, molesta y sentirá una sensación de alejamiento. El periodo refractario es de duración variable según la edad y el entrenamiento. A los quince años, por ejemplo, no dura más de dos minutos. A los sesenta, puede durar varias horas, o días. Este período refractario hará que el varón no pueda tener segundas erecciones luego de una eyaculación, situación que impedirá una segunda penetración (que es la forma más común en que los varones intentan resolver un problema de eyaculación precoz o rápida).

No obstante, existe otro problema. Un varón a los veinte años se puede excitar con solo pensar, pero a uno de sesenta, eso ya no le alcanza para lograr una erección. En líneas generales, la reacción frente al estímulo será mucho más lenta. La erección, como respuesta a un estímulo, se puede llegar a

triplicar con el tiempo. Si alguien tardaba dos minutos en lo
grarla, a los sesenta puede llegar a los seis minutos. Notarán
ustedes la importancia de este punto. Si el varón no incluye
el hábito de ser cariñoso con su esposa, llegará a los sesenta o
sesenta y cinco años y ni siquiera podrá tener su propia erección. Muchos varones que no conocen este dato esperan obtener una respuesta en su erección similar a la que tenían cuando eran jóvenes. Al comprobar que dicha erección no se lleva
a cabo en los primeros dos minutos, suelen desencadenar todo
tipo de sentimientos de ansiedad y temor, que angustian y los
hace pensar: «Ya me dejó de funcionar». Y es aquí que aparece
un pensamiento de disfunción eréctil, cuando en realidad lo
que sucede es que falta tiempo para lograr la erección. Sin embargo, volvamos al punto: si la mujer ha decidido que no quiere las caricias, es probable que le molesten; de lo contrario,
logrará excitarse. Hay que lograr el sí antes de acariciar y hay
que lograr el consentimiento para acariciar zonas íntimas.

No puedes tocar lo que no se sabe si te dejarán comprar

Si van a una tienda y empiezan a tocar toda la ropa, enseguida tendrán a un vendedor al lado. Es fundamental que los
varones aprendan a lograr el sí de la pareja para que la puedan
acariciar, y para lograrlo, será conveniente no empezar por los
genitales, porque es la zona reservada para lo último.

El varón tiene escindido el amor del deseo

Una cosa es el amor a la esposa y otra cosa muy distinta
es desearla sexualmente. Es muy común que la gente venga
a decirme que tiene problemas con el deseo. El varón muchas
veces ama a su esposa, pero no la desea sexualmente. Hay una
teoría que dice que cuando el hombre nace, ama y desea a la
misma persona, ¿a quién desea? Pues a la mamá. Cuando el
bebé nace y se prende del pecho de su madre, siente placer
sexual. En ese momento, todo el erotismo no está en los genitales sino en la boca. Este mecanismo es el modo que Dios ha

99

diseñado para que ellos no se mueran de hambre. No solo toman el pecho porque tienen hambre sino porque les produce placer. Y aunque Dios es maravilloso, no es que la genitalidad no sirva en esta etapa sino que su principal objeto es la boca. El niño llora porque tiene hambre, pero a veces lo hace porque quiere satisfacerse sexualmente, y en este proceso terminará por alimentarse.

Todos los que somos padres podemos observar que el bebé toma el pecho con buenas sensaciones de placer, entonces el varón crece y, a medida que se hace grande, sigue amando el mismo pecho, el de su mamá, pero en un determinado momento deberá realizar una escisión. Deberá desear otro seno, aunque seguirá amando el de su madre (vale decir, a su mamá). Es por esta escisión que algunos explican por qué los hombres a veces pueden tener sexo en cualquier lugar, aunque sigan amando a sus esposas. Esto es una cuestión absolutamente animal, y nada espiritual. Se ama a la esposa, pero se desea otra mujer como una prolongación del modelo de amor original.

La sociedad nos quiere meter el sexo como una cuestión instintiva, animal, y solo eso. El ser humano tiene un deseo que es sexual, pero además tiene una necesidad, amar y sentirse amado (ya que ser amado sí es una necesidad del ser humano que debe ser suplida). Y cuando se confunde el deseo con el amor y solo se busca el deseo, siempre queda esa parte del amor insatisfecha. Muchos, para resolver este conflicto, cambian y cambian, pero nunca encuentran el amor. Han truncado la felicidad por el deseo, porque la pasan muy bien y sienten mucho placer, pero las necesidades de amor no las tienen cubiertas, por lo que no tardarán en sentirse vacíos y con una vida carente de sentido.

La iglesia cristiana ha espiritualizado la sexualidad, tal es así que dentro del matrimonio muchos no se permiten sentir placer ni vivir experiencias creativas (como utilizar las manos para acariciar genitales), pero cuando estas mismas personas, que viven una sexualidad apagada, mantienen relaciones fuera de su matrimonio, realizan prácticas que siempre han fantaseado, pero que dentro del matrimonio imaginan que están prohibidas. Y como en la infidelidad ya están equivocados, si se lo permiten. Pasan la barrera, hacen cualquier cosa, dejan correr su imaginación y creatividad.

Imaginarán ustedes que dichas prácticas sexuales resultan ser muy placenteras. El problema radica en que son carentes de sentido. Este es el momento donde el individuo tiene que elegir entre uno y otro vínculo, con la desagradable sensación de que elija lo que elija, perderá. Si escoge relaciones placenteras, pierde la ternura, el amor y la seguridad de un matrimonio, y la consecuente familia. Por el contrario, si elige a su esposa, pierde las sensaciones placenteras.

Hace un tiempo tuve la oportunidad de asistir a un matrimonio que hacía más de cinco años que no mantenían relaciones sexuales. Ellos aseguraban amarse y no querer terminar en un divorcio, pero la ausencia de deseo era realmente un problema. Cuando llegamos a las causas de ello, descubrimos que gran parte del problema radicaba en que la señora, antes de casarse, estaba enamorada de otro hombre. Sin embargo, termina eligiendo a su marido porque era el que social y familiarmente estaba aceptado. En toda su vida de matrimonio, la sexualidad no fue muy trascendente, y la señora siempre cumplió con su «deber conyugal»; pero al entrar en el período de la menopausia y «cerrar la fábrica», simplemente sintió que cumplió con su ciclo sexual y que ya no necesitaba más. Nunca disfrutó de su sexualidad, porque nunca aceptó abandonar la idea de su amor de la juventud.

Como se darán cuenta, no resulta un buen negocio. Creo firmemente que esta es una de las razones del porqué debemos mantenernos activos en la búsqueda de una sexualidad placentera y creativa, dentro de nuestros matrimonios, ya que, al lograrlo, conjugamos ambos factores, el del amor y el del compromiso con el placer y disfrute sexual.

Mucha gente, o chicos, no pueden volver a congregarse en sus iglesias porque han descubierto en la sexualidad algo muy lindo, que no pueden abandonar. Tienen relaciones sexuales y ese es un aspecto que los separa de Dios. Y no trato de enseñar que vale todo, pero sí es importante educar que el deseo y el amor van juntos. Esto es otro aspecto importante con el cual podemos justificar el sexo dentro del matrimonio. ¿Por qué Dios quiere que tengamos relaciones sexuales dentro del matrimonio? Bueno, porque allí tenemos la oportunidad de conjugar amor y placer en el mismo lugar. Además porque Dios quiere ahorrarnos el dolor de amar y desear en lugares separados. Víctor Frankl, creador de la logoterapia, desarrolló un sistema basado en lograr el sentido de la vida, y dice que los seres humanos estamos atravesados por dos ejes en nuestras vidas: uno que va del fracaso al éxito y otro que va del sin sentido al sentido (ver Gráfico 4).

Gráfico 4

Todos nacemos *fracasados* y *sin sentido*, y a lo largo de nuestras vidas se nos va enseñando a ser personas *exitosas*, pero, dice él, que poco se enseña sobre encontrar el verdadero sentido de la vida, y que este es el eje más importante sobre el que hay que realizar mayores esfuerzos, ya que todos conocemos personas que han sido muy exitosas en lo personal o laboral, pero que andan con una vida cargada de sin sentido. Es frecuente encontrar ejemplos entre músicos que obtienen la fama y el éxito repentinamente, pero que, como no tienen un sentido claro para sus vidas, terminan en serios problemas. Este concepto también se aplica a la sexualidad. Si un individuo solo se ocupa de ser exitoso en su aspecto sexual (me refiero a tener buenos orgasmos, buenas erecciones, quien la tiene más larga, quien lo hace más veces, quien llega a más orgasmos, quien estuvo con más mujeres o con más hombres, o evalúan el éxito de acuerdo a la cantidad y no se ocupan de encontrar relaciones sexuales con sentido), pronto esas relaciones dejarán de ser placenteras, tendrán vínculos que todos, al observarlos, podrían decir que son exitosos, pero que no generan felicidad.

El placer sexual es lindo, pero esto no lo es todo. Debemos ser persistentes buscadores de aquello que nos genera felicidad. La fórmula en sexualidad es deseo y amor en un mismo lugar, el matrimonio.

Hemos sido entrenados para perseguir pecados sexuales, como si fueran más importantes que otros como la mentira o el chisme. ¿Cuántos matrimonio conviven a diario con una celotipia? (celos infundados respecto de su cónyuge). Los celos no son amor ni tienen nada que ver con el mismo. La Biblia dice: «En el amor no hay temor, sino que el amor perfecto echa fuera el temor» (1 Juan 4:17-18). ¿Cómo explicar que existe amor, cuando en realidad se vive temiendo el engaño del otro? *Donde hay temor, no hay amor, porque donde hay temor hay odio y rabia.* Cuando una persona siente celos o temor a la pérdida, no sentirá amor sino rabia, porque está conectada con pensamientos de engaño, de estafa, y posteriormente esto genera un convencimiento de que la pareja es infiel, y esto lleva al odio y al deseo de venganza. «¡Que pague por todo lo que me hizo!» Así es como alguien que se unió por amor termina pensando en asesinar. Y como se darán cuenta, aquí no hay amor.

Muchos me dirán: «Bueno, pero yo logro manejar mis celos y los controlo. No llegaría nunca a pensar en matarla». Los celos hablan de tu inseguridad, no de su fidelidad. Los celos hablan de ti, no de quien comparte la vida contigo. Si sufres de celos, deberías evaluar si de verdad es amor lo que sientes o además de eso existen fuertes temores a la pérdida, a la soledad. Cuando nos encontramos con gente que reprime sus funciones y sensaciones sexuales y espiritualiza las sensaciones naturales, es porque probablemente ha vivido experiencias dolorosas, que la ha marcado y lastimado. Como obtienen una sensación de seguridad en sus conceptos rígidos, no quieren abandonarlos. El legalista defiende su estructura porque le da seguridad, por ello hay que sanar los recuerdos y disfrutar de las sensaciones naturales de nuestro cuerpo.

CAPÍTULO NUEVE

Tres etapas en la respuesta sexual

Primera: excitación

Un visitante de un manicomio vio cómo uno de los internos se balanceaba en una silla mientras, con aire tierno y satisfecho, repetía una y otra vez: «Lulú, Lulú...»

—¿Cuál es el problema de ese hombre? —le preguntó al médico.

—Lulú es el nombre de la mujer que le dio calabazas —respondió el doctor.

Siguieron adelante y llegaron a una celda con paredes acolchadas, cuyo ocupante no dejaba de golpearlas con su cabeza, mientras gemía: «Lulú, Lulú...»

—¿También es Lulú el problema de este hombre? —preguntó el visitante.

—Sí —dijo el médico—. Este es el que acabó casándose con Lulú.

Solo hay dos desgracias en la vida: no conseguir lo que deseas, y conseguir lo que deseas.

(Anthony de Mello. *La oración de la rana 2*)

La sexualidad comparte semejanzas con este cuento, ya que no hay peor cosa que sentir insatisfacción sexual dentro de nuestros matrimonios. Sin embargo, conseguir la tan ansiada plenitud psicosexual puede ser igualmente grave. Cuando se vuelve un fin en sí misma y todo el encuentro pasa a girar en torno a ella, se pierde la verdadera esencia de la sexualidad, que consiste en practicarla como un lenguaje, el cual consta de reglas y leyes que deberíamos conocer y respetar. Como todo acto de comunicación tiene un comienzo y un final, tiene tiempos y pausas, tiene muletillas y estilos propios de cada individuo que la práctica. Y justamente todo esto es lo que hace de la sexualidad una de las actividades más complejas y atractivas que puede realizar el ser humano.

Como decíamos antes, muchos reducen la sexualidad al mero hecho de una penetración. Hace poco empecé a ver una señorita soltera, de unos treinta años, que confirma esta idea. Al comenzar fue lo suficientemente cuidadosa de dejar en claro que ella era virgen y que quería conservarla hasta el matrimonio. Lo interesante fue descubrir en su relato que había tenido un novio, con el que había practicado varias veces (no pocas) encuentros sexuales, que consistían en desnudarse y realizar todo tipo de prácticas (incluido sexo oral), menos la penetración vaginal y anal.

Como se darán cuenta, ella, como muchas, creen que la virginidad sexual es tan solo un hecho físico o médico (conservación del himen). Esta confusión es bastante frecuente, ya que solo se piensa en la sexualidad como un hecho reservado exclusivamente a la penetración vaginal.

Ahora bien, veamos a la luz de la información en qué consisten las relaciones sexuales. En una relación sexual existen cuatro etapas o *fases* por las que transitamos. Es necesario aclarar que podemos transitarlas sin tener siquiera un coito (penetración); es decir, podemos tener una relación sexual incluso sin desvestirnos. Además, en cada una de estas etapas pueden aparecer síntomas sexuales diferenciables unos de otros

1. La excitación

Cuando una persona comienza a excitarse, empieza por sentir deseo, lo que también se ha llamado apetito sexual, el cual se activa por los distintos sentidos. La evidencia más notoria de que un hombre está excitado es porque tiene el pene erecto; pero no es lo único. Muchas veces puede estar excitado sin que tenga una erección, pero sí un aumento en el ritmo respiratorio o cardiaco. Algunos se ponen colorados, es decir, se ruborizan, porque empiezan a bombear más sangre.

2. La erección es el resultado de un reflejo

Los impulsos nerviosos que generan esta reacción del miembro proceden de dos vías diferentes: del cerebro (imágenes, sonidos, olores, sabores, fantasías, sensaciones de la piel) o del propio pene. Esos estímulos caminan por sus correspondientes vías nerviosas y llegan al centro reflejo de la erección, que está situado en la médula espinal. Cuando ese centro recibe un estímulo, reacciona desencadenando el reflejo de la erección. En otras palabras, la erección se produce sin que obre la voluntad del varón. Esto además aclara la idea de que muchos varones no pueden tener erecciones cuando quieran (porque no depende de su voluntad) sino que las pueden experimentar sin que las esté buscando. Existen muchas erecciones espontáneas, que aparecen sin que el hombre tenga intención de ello, ni sea consciente de la presencia de ninguna clase de estímulo sexual. Existen muchísimos receptores en la cara interna de los vasos sanguíneos, pene incluido, que, al ser activados por diferentes estímulos, hacen que se libere óxido nítrico, una sustancia que dilata los vasos del miembro para que afluya mayor volumen de sangre a sus cuerpos cavernosos, lo cual lo hace entrar en erección.

De la mima manera que una erección puede ser el resultado de estímulos sexuales, también existen causas no sexuales que intervienen en la erección como el calor, que dilata los vasos sanguíneos, incluido el tejido esponjoso del pene; o el miedo, que dispara sustancias químicas (norepinefrina) que aceleran el corazón (cambio de velocidad de la sangre) y estimulan los receptores que disparan el estímulo reflejo de la erección. Estas son algunas de las razones por las cuales al menos tres de cada cinco hombres afirman haber tenido erecciones espontáneas, sin que mediara estímulo erótico alguno.

3. Las mujeres también se excitan

En Cantar de los Cantares 1 vemos un ejemplo precioso de una mujer excitada: «Ah, si me besaras con los besos de tu boca... ¡grato en verdad es tu amor, más que el vino! ¡Hazme del todo tuya! ¡Date prisa! ¡Llévame, oh rey, a tu alcoba!» (vv. 2,4). Y bueno, digamos que sabía bastante bien lo que quería. Se nota cierta urgencia y demanda de satisfacción: «¡Date prisa!» Y no le está pidiendo que la lleve a dar una vuelta en el último carro real sino que la lleve a la alcoba, y no precisamente para jugar ajedrez. Sin embargo, un dato precioso que me llamó de forma poderosa la atención es la frase: «¡Hazme del todo tuya!» La amada le está diciendo a su amado: «Te daré todo. No me guardo nada». Hay una idea de posesión, de unidad, claramente hay una alusión directa a la penetración, donde no hay especulación: «Te doy un poquito ahora y después, si te portas bien, te doy más». Aquí hay una entrega total: «Nada de lo que tengo lo guardo. Soy *toda* tuya».

Muchas mujeres no se permiten excitarse, porque temen perder el control; si lo entregan todo, después no quedará nada. Excitarse con el cónyuge en la relación sexual es justamente *perder el control, entregarlo todo, sin pensar.*

En las mujeres, la excitación se evidencia también por la aceleración del ritmo cardíaco y respiratorio, además se produce una hinchazón en el clítoris. Sin embargo, la primera señal es la lubricación vaginal, que se inicia de diez a treinta segundos después del principio de la excitación y se presenta en forma de gotas aisladas que lubrican y terminan por humedecer toda la cavidad interna de la vagina. Y puede aparecer con distinta intensidad y olor característico, que varía de una mujer a otra. Se expanden los interiores de la vagina y el útero es impulsado hacia arriba, mientras los labios vaginales se aplanan y abren. Como dijimos antes, el clítoris aumenta de tamaño. Y algo similar ocurre con los senos. Allí los pezones se vuelven rígidos como resultado de las pequeñas contracciones de las fibras musculares. Esta primera etapa puede empezar a la mañana, temprano, y ni siquiera es necesario estar al lado del cónyuge. Tenemos que estar atentos a este dato, ya que tanto el varón como la mujer pueden despertarse excitados porque tuvieron un sueño.

En este punto hay un aspecto que me gustaría llamar la atención, ya que existe mucha confusión en el tema. Tanto hombres como mujeres por lo general inician el proceso de excitación con su cónyuge, pero esta iniciación no es exclusiva. En otras palabras, puede presentarse con alguien diferente al cónyuge. La excitación es la respuesta a la estimulación que reciben los cinco sentidos. Entonces alguien puede excitarse escuchando una canción de su juventud, al sentir un aroma, al ver a una persona del sexo opuesto, que no necesariamente sea su pareja. Además, existen sentimientos primarios, primitivos, y otros que son secundarios, derivados de los primeros. La excitación es un sentimiento primario, y poco podemos hacer por evitarlo. Muchas veces aparece allí, sin que notemos que estamos en dicho proceso. Otras veces aparece sin quererlo. Para dar cuenta de ello, basta con ver a los adolescentes que *"padecen"* de erecciones a menudo por estar frecuentemente excitados, y tratar de ocultarlas termina siendo un hecho casi bochornoso.

También es frecuente que los hombres tengan erecciones nocturnas y matutinas. En este caso, lo frecuente es lo normal: los hombres deben tener erecciones nocturnas. El que no las tenga, puede estar evidenciando alguna sintomatología arterial o vascular. Además, pueden tener orgasmos durante la noche, conocidos como poluciones nocturnas. Las mujeres también los tienen, y también pueden excitarse durante las noches, a través de sueños eróticos.

En lo que a excitación se refiere, cada género tiene un sentido que prevalece sobre los demás. Los hombres tienen la vista como el sentido más desarrollado, mientras que las mujeres son más sensibles al tacto, al oído (las cosas que escuchan) o a los aromas. Como se darán cuenta, las mujeres tienen una gama más amplia que los hombres, y utilizan varios sentidos para estimular su excitación. Sin embargo, una cosa es segura, no es la vista el sentido que prevalece. Los varones ven a su mujer pasar y entran en un proceso de excitación, esto es bastante común, de allí que las mujeres no entienden cómo un varón puede excitarse con solo verla en ropa interior. Además, ello explica por qué el varón recurre a tocar los genitales; actúa en consecuencia a lo que ve. *Aunque esta es la explicación, no justifica la actitud del varón.*

Este mismo proceso de excitación sucede fuera de la casa. Un hombre, cuando va por la calle en el auto, puede ver carteles de todo tipo, que bombardean estímulos, así como en la televisión, donde casi todas las propagandas de autos bebidas alcohólicas y cigarrillos contienen imágenes de mujeres y paisajes bonitos. Esta catarata de estímulos puede estimular tanto al hombre que lo lleva a la excitación. Y como decíamos antes, es muy peligroso negar lo que sucede, ya que, al hacerlo, este individuo no dejará de sentir lo que siente. Lo único que logra es no tomar consciencia de los sentimientos que aparecen. Esos pensamientos negados son potencialmente más peligrosos que cuando tomamos consciencia de ellos y elegimos tomar medidas que nos protejan o que tan solo dirijan de forma correcta nuestra líbido, nuestra excitación, hacia una descarga adecuada dentro del matrimonio.

No estamos hablando que esto sea algo bueno o malo; estamos diciendo que esto pasa, porque es un mecanismo natural que Dios diseñó para que pudiéramos tomar consciencia de aquellas cosas que llaman nuestra atención y podamos elegir qué hacer con las mismas. Imagínense que un joven, al ver por primera vez a una señorita, no sienta este conjunto de sentimientos positivos (excitación, atracción, deseo de estar con ella, entre otros). Sería casi imposible encontrar la ayuda idónea, ya que todas las personas significarían lo mismo, o los sentimientos serían iguales en cada vínculo, no existiría la posibilidad de determinar por quién se siente atraído y por quién no.

El problema no es lo que se siente, ni siquiera si se trata de excitación. El problema es qué hacer con esto que pasa. Por eso es importante detectar cuando se está excitado. Detectarlo ayuda a elegir de forma correcta, ya que, al descubrir lo que excita, se puede evaluar ni se debe o no actuar en consecuencia. Si un individuo es soltero y se siente excitado por una señorita, simplemente deberá saber si es correspondido en sentimiento. Una vez confirmado esto, ellos podrían terminar en un noviazgo. Si un hombre casado descubre que está excitado por una mujer que no es su esposa, debería elegir verla menos. Si es alguien que no es posible dejar de frecuentar, como una compañera de trabajo, lo recomendable es establecer límites a la relación, que quizá contenga muchos aspectos histéricos y de seducción; pero lo mejor es dejar de verla. Nadie es más importante que tu cónyuge, persona con la que llegarás a tu vejez. Por lo tanto, es mejor cuidar tu relación matrimonial, ya que lo más seguro es que la otra persona ya no esté más en tu vida.

Existe otro aspecto importante que genera con frecuencia mucha confusión: es el hecho de que un individuo se sienta excitado por una persona del mismo sexo. Este sentimiento está directamente relacionado con la homosexualidad, y es un error considerarlo así, porque ha llevado a muchos cristianos a creer que eran homosexuales y a actuar en consecuencia; es decir, a mantener y sostener relaciones homosexuales, para luego terminar siendo homosexuales. Si una persona puede excitarse escuchando una canción, ¿cómo no lo hará estando en presencia de otro ser humano? El problema es que hemos tomado a la excitación como un acto voluntario y mal intencionado, cuando en realidad no puede haber intención si no existe voluntad.

Vale aclarar otra vez que si un sujeto busca excitarse con alguien, aquí sí hay intencionalidad. Aunque no hago referencia a eso sino más bien al sentimiento primario, natural, que surge al estar despiertos, activos y en contacto con los demás. Justamente será la consciencia lo que me permite elegir o no seguir en presencia del estímulo excitante. No entender el proceso natural de excitación nos ha llevado a pensar que, cuando a un adolescente se le presenta una erección, está pecando, o hay algo de pecado allí. No está bien pensar así. No creo que esté pecando porque acaba de tener una erección. De igual manera, un adulto podrá tener erecciones, en el caso de los varones, con otra mujer que no sea su esposa. Una mujer podrá sentirse excitada con un hombre que no sea su esposo, y esto no es pecado sino natural. La excitación debe llevarnos a tomar consciencia y a actuar de forma correcta.

Hace un tiempo vino a verme un matrimonio, cuya joven (muy bonita) decía que no estaba dispuesta a continuar con su marido. Esta mujer era una señora muy estructurada, abnegada en su trabajo de madre y profesional de la salud, muy prolija en su vestimenta, tan prolija y correcta que dicha vestimenta no permitía observar ningún atributo característico de una mujer. Aunque se manifestaban amor el uno por el otro y deseos de estar juntos, el problema era que este hombre, acosado por su esposa, en una fiesta se comportó raro y distante. Él termina confesándole a su esposa, con sentimientos de culpabilidad, que en ciertas oportunidades se sintió excitado por otras mujeres. El joven realizó esa confesión en una fiesta de bodas, donde al observar otras mujeres, intenta sacarse de encima sus sentimientos de culpabilidad. A partir de esa confesión no solo se arruinó la fiesta para ellos sino también su matrimonio. La joven, hasta donde pude acompañarlos, nunca perdonó a su marido por experimentar estos sentimientos.

Ahora bien, evaluemos algunos errores que llevaron a esta pareja a la ruina. Por el lado del joven, vemos lo siguiente:

- No tomar consciencia de lo que estaba pasando, y dejar que dichos sentimientos crecieran en él, al punto de volverse incontrolable y de llevarlo a una confesión impulsiva y reaccionaria.
- Como no hubo una decisión consciente, este hombre nunca pudo tomar medidas preventivas que lo alejaran de mujeres potencialmente nocivas para su matrimonio.
- Tampoco pudo detenerse a pensar qué estaba pasando en su vínculo matrimonial, y por qué estaba sintiendo *ausencia de deseo sexual* por su esposa.

- Por último, el señor fue poco prudente para elegir el momento y el lugar para confesarle lo que le estaba pasando. Además, se ve claramente una lucha interior del señor contra los sentimientos que aparecen. Esta lucha se puede observar en la culpa que le despertaban esos sentimientos y en los intentos fallidos de sacársela de encima.

Y por el lado de la joven, tenemos que decir que:

- Nunca entendió la lucha en la que se veía envuelto su marido, simplemente se dedicó a castigarlo por sentimientos a los que ella atribuía intencionalidad, es decir, la creencia fundamental es: «Si él siente esto, es porque lo elige».
- Otro aspecto importante es que la lectura de la señora no fue racional sino sentimental: «Si le pasa eso, es porque no me quiere más». No pudo detenerse a pensar si este conjunto de sentimientos eran el resultado de su elección o un proceso natural.
- Por otro lado, con esa actitud está dando un mensaje a su marido, y a otros maridos, muy claro: «Si sientes algo por otra mujer, más te vale que lo ocultes y lo reprimas ya, porque si lo compartes conmigo, te costará el matrimonio». Como se darán cuenta, esta actitud no fomenta la sanidad espiritual y sexual de la pareja sino que incentiva la represión y la mentira.
- Tampoco se detuvo a pensar qué es lo que podría hacer diferente para lograr que él recupera el deseo sexual por ella. Simplemente externalizó la responsabilidad, la puso del lado de él, y atribuyó maldad en su actitud y en sus sentimientos.

Entonces la excitación puede empezar dentro del matrimonio como en otro lugar. Aparece de la misma manera que la tristeza en nuestras vidas. No es un sentimiento agradable ni buscado, pero a veces surge como un sentimiento primario, y como una reacción de nuestro cuerpo a una circunstancia que nos produce tristeza.

Una mujer que estuvo en mi consultorio, me dijo:
—Mi marido me engaña.
—¡Qué terrible! ¿Cómo te diste cuenta? ¿Qué pasó? —le dije.
—Lo que pasa es que por las noches tiene erección.
—¿Pero cuál es el problema? —le pregunté.
—Pues que está dormido, y tiene erección. Y seguro que no está soñando conmigo sino con otra, por eso creo que me engaña.

Como se darán cuenta, esta es una erección sin estimulo físico propiamente, pues son sueños oníricos. Es muy probable que estuviera soñando con imágenes sexuales que provocan una erección. Dios ha hecho las cosas de manera maravillosa. Los varones necesitan erecciones para que la sangre circule por el pene, porque un miembro flácido (sin erección) presenta muy poco contendido de sangre. Como todos sabrán, cualquier miembro de nuestro cuerpo que no reciba sangre por una cantidad importante de tiempo se seca y muere. Es por ello que Dios diseñó un plan para bombear sangre al pene durante las noches. De todos modos, la excitación nocturna no es exclusividad de los hombres. Las mujeres también presentan lubricaciones vaginales e hinchazón del clítoris, y también como resultado de los sueños oníricos. La diferencia radica en que los síntomas de excitación masculinos son más evidentes, ya que su genitalidad es externa y la femenina, interna. El pene se encuentra hacia afuera y la vagina, hacia dentro.

Ahora bien, también es cierto que puedes notar la ausencia de excitación de tu cónyuge. *Este es un síntoma sexual conocido como ausencia de deseo sexual.* Como se darán cuenta, este síntoma aparece en esta primera etapa de excitación, y no en otra.

4. Ausencia de deseo sexual

Los trastornos del deseo sexual pueden ir desde una disminución del deseo sexual, en situaciones concretas, hasta la ausencia completa del deseo en todas las situaciones y en relación a cualquier actividad sexual. Habitualmente no presentan fantasías sexuales y tienen dificultades para iniciar cualquier actividad sexual. Hay muchas causas que contribuyen a la aparición de este síntoma. Pueden existir factores estresantes derivados del trabajo, o la pérdida del mismo, presión excesiva, la crianza de los niños, no tener un espacio ni un tiempo destinado para la actividad sexual, entre otros; o puede tratarse de demandas sexuales excesivas o difíciles de cumplir, que llevan a la pareja a disminuir el deseo, debido a una sensación de frustración, que debe enfrentar el individuo que experimenta la disconformidad. Un ejemplo de esto puede ser la demanda de determinado tipo de prácticas como el sexo oral, anal o llevarlo a cabo en un determinado lugar, como un motel. También hay que decir que la ausencia del deseo sexual es el menos sexual de los síntomas sexuales, ya que muchas veces da cuenta de un problema de pareja que comienza en esa relación, pero que aparece como un problema en el área sexual; es decir, un problema interpersonal de tipo sexual. No pocas veces se trata de mostrar al otro algún desacuerdo en el vínculo sino la forma que tiene la persona que padece el síntoma. Y como no se puede expresar la disconformidad con palabras, se la expresa con ausencia de deseo.

Muchas otras veces sucede que una persona no logra excitarse por la simple y sencilla razón de que no piensa en el sexo. La consejera Sarah Litvinoff dice referente a ello: «Los terapeutas sexuales se encuentran a menudo con que las mujeres que se quejan de no haber sentido nunca interés por el sexo o que jamás han llegado al orgasmo nunca tienen pensamientos sexuales». Es interesante darse cuenta de este fenómeno, porque la vida diaria, los chicos, las tareas y más, no nos dejan pensar en la sexualidad. No contamos con el tiempo suficiente para dejar vagar nuestra imaginación, y buscar activamente la sensualidad. Si quieres recuperar el deseo, tendrás que iniciarte a pensar en sexualidad. Esto que parece sencillo y hasta poco profesional funciona, y a veces, por resultar demasiado fácil, no le prestamos la debida atención. Si en todo el día no has pensado en una sola idea sexual, tu amante podrá realizar un gran esfuerzo, pero no conseguirá que te intereses en el sexo. De forma habitual tendemos a pensar que es la otra persona la que enciende nuestro deseo sexual, pero psicológicamente tiene mucho más que ver con qué está pensando nuestra mente. Si no piensas en sexo, no encontrarás a otro que despierte deseos en ti. Así de sencillo. Así de cierto.

Hemos hablado de la *ausencia de deseo sexual* como síntoma de esta etapa de la excitación, pero existen otros síntomas que se pueden presentar allí. En el varón se puede dar una disfunción eréctil, es decir, que pretenda tener una erección, y no la logre; que se sienta excitado, pero no la tenga o no pueda mantenerla. Esto puede tener como causa la necesidad de agradar a la pareja o a la presión de tener que satisfacer ciertas demandas o al estrés del momento, entre otras causas. En este caso, lo que queda claro es que el varón está excitado, quiere mantener una relación sexual, pero no puede.

En las mujeres, una dificultad frecuente tiene que ver con la lubricación. Una mujer excitada debe presentar entre sus síntomas más importantes la lubricación vaginal. Sin embargo, algunas tienen dificultades en lograrla, lo cual no quiere decir que no estén excitadas. Y esto puede deberse a múltiples factores como la edad, ya que, por ejemplo, luego de la menopausia, es frecuente que la mujer lubrique menos. También pueden aparecer factores ligados al miedo o tal vez a traumas del pasado, que predispongan a la mujer de manera negativa, o simplemente pueden deberse a la escasa estimulación del marido. Lo recomendable en estos casos es el uso de un gel lubricante. Y si la dificultad persiste, es importante que consulte al ginecólogo para descartar cualquier tipo de patología física, fundamentalmente porque de existir algún problema, puede lastimarse más y complicar el cuadro. Si el dolor persiste, sería conveniente consultar con un sexólogo, ya que la causa no sería de orden físico sino psicológico. Muchas veces, esta escasez de lubricación genera dolor al momento de la penetración. En los hombres también se pueden presentar dolores en medio del acto sexual por una fimosis o al momento de eyacular, por infecciones en la uretra, en la vesícula seminal, en la glándula prostática o en la vejiga. Y tanto en varones como en mujeres se le conoce a estos dolores como *dispareunia*.

«La dispareunia o coitalgia es la relación sexual dolorosa tanto en mujeres como en hombres. Abarca desde la irritación vaginal postcoital hasta un profundo dolor. Se define como dolor o molestia antes, después o durante la relación sexual. La dispareunia masculina es mucho menos habitual que la femenina, que alcanza, según algunos autores, hasta el 4% de la población. No obstante, pese a su baja prevalencia en los hombres, no puede considerarse un trastorno únicamente femenino».

Hace poco me contó una mujer que, cuando el marido la penetraba, sentía muchos dolores. Cuando logró mirarse su genital, descubrió que lo tenía lacerado en varias partes. Al hablar de cómo se había originado ello, me dijo que tenía una obsesión con la limpieza: se limpiaba y se limpiaba tanto que produjo una excesiva resequedad, la cual la hizo vulnerable a dichos cortes. Y esa es una zona que tiene que estar lubricada. El problema con nuestra genitalidad es que nos han enseñado que es sucia, y como está «sucia», la tenemos que limpiar. No está mal higienizar los genitales luego de la relación sexual, pero hacerlo en exceso no es recomendable. De hecho, no es aconsejable que las mujeres sequen su genital con frecuencia, ya que, como dijimos antes, debe mantenerse lubricada.

Por otra parte, hay muchas mujeres que no pueden mirar sus genitales por vergüenza o culpa, porque asocian este acto al pecado o a la inmadurez. Sin embargo, nada es más errado que esto. Debemos conocer nuestro cuerpo, ya que es un requisito para el disfrute sexual. Dios jamás premió la ignorancia, y no lo hace en nuestros días. La ignorancia no nos hace menos responsables de nuestros hechos. Por ejemplo, podemos ignorar la ley de tránsito que prohíbe pasarse los semáforos en rojo, pero si lo hacemos, seremos responsables del hecho, y la multa la tendremos que pagar. Decirle al oficial de policía: «Disculpe, oficial, es que no lo sabía», no me hace menos responsable o menos merecedor de la multa. De igual manera sucede si no conocemos nuestro cuerpo. No saber cómo es el genital, cómo y ante qué reacciona es permanecer en la ignorancia. Y Dios no quiere eso. Cabe aclarar que menciono que las mujeres no conocen sus genitales como sí lo puede hacer el varón, ya que lo tiene afuera y se lo puede ver todos los días. La mujer no puede hacer esto a simple vista; tiene que explorarse.

Por lo tanto, querida mujer, tienes que conocer tu cuerpo. Observar tus genitales *no* es masturbación. Está allí junto a tus sensaciones para que la descubras. Y si lo puedes hacer con tu marido, mejor. La tarea puede ser más divertida. Sin embargo, esto no quita tu responsabilidad de descubrir y explorar tus sensaciones.

Segunda: meseta

> «He entrado ya en mi jardín, hermana y novia mía, y en él recojo mirra y bálsamo; allí me sacio del panal y de su miel. Allí me embriago de vino y leche; ¡todo esto me pertenece!» (Cantar de los Cantares 5:1).

Aquí la excitación ha llevado a la pareja a otro nivel: el esposo está disfrutando de lo que le pertenece. Aún están excitados, pero con un ingrediente extra: están disfrutando de los frutos del jardín. El esposo ha respondido a la invitación de su amada: «Que venga mi amado a su jardín y pruebe sus frutos exquisitos» (Cantar de los Cantares 4:16).

La segunda etapa es la meseta. Como la palabra lo indica, es un estado en donde toda la excitación que se había logrado se mantiene y se eleva. La fase de meseta es en realidad una prolongación de la fase anterior, en la que la excitación alcanza niveles muy elevados. Todos los cambios se mantienen en su nivel más alto en un cierto tiempo, lo cual proporciona una agradable sensación de placer. Al igual que en la etapa anterior, aparecen aquí algunos síntomas característicos para ambos:

Rubor sexual. Es un enrojecimiento producido por un mecanismo subcutáneo, que aparece en la zona superior del abdomen, en los pechos, cuello, nalgas, espalda, brazos, piernas y cara.

Aceleración del ritmo respiratorio y cardíaco. Se continúa acelerando el ritmo cardiaco, la presión sanguínea y la respiración.

Contracción muscular. La tensión muscular se generaliza y se contraen mayormente los muslos, glúteos y abdomen, lo cual produce una sensación de plenitud o tensión en el cuerpo antes del orgasmo.

En la mujer:

Cambios en la vagina. Debido al efecto vasoconstrictor, la parte más profunda de la vagina se expande y la más externa se estrecha, para abarcar mejor la superficie del pene durante el coito. Se produce un desplazamiento hacia arriba del *cerviz* y el *útero*.

Modificaciones en los labios mayores y menores. Los labios mayores se aplanan, aumentan y tienden a separarse. Los labios menores, debido a la vasodilatación, se agrandan y adquieren un color rojo intenso.

Las mamas. La areola mamaria toma un color más oscuro y se expande un poco más. Los pezones se endurecen y se vuelven erectos como consecuencia de las contracciones de pequeñas fibras musculares.

En el varón:

Pene erecto. El pene ha alcanzado su total erección en esta fase.

Cambio de color en el pene. La sangre inunda los cuerpos cavernosos y la totalidad del órgano se vuelve más oscuro.

Aumento del tamaño de los testículos. Pueden aumentar hasta un ochenta por ciento del tamaño en relación al estado de no excitación.

Sensación de presión o calor en la zona de la pelvis. Es provocada por el estrechamiento de los vasos sanguíneos, especialmente en las vesículas seminales y la próstata.

Aparición del famoso líquido blanquecino transparente. Es secretado por la glándula de Cowper, y no son espermas, aunque pueden encontrarse algunos allí. Muchos afirman que con esta cantidad de espermas se podría producir un embarazo, otros dicen lo contrario. Este aspecto es importante, ya que algunas parejas utilizan como medio anticonceptivo el coitus interruptus (eyacular fuera de la vagina), o se colocan el preservativo solo en el momento de la eyaculación (todo esto puede ser riesgoso, ya que este líquido contiene algunos espermatozoides).

Y bueno, la duración de esta fase es muy variable. Algunas parejas la prolongan voluntariamente por medio de juegos amorosos para conseguir una mayor satisfacción.

Algunas de las dificultades que pueden aparecer en esta etapa son las siguientes:

La mujer o el hombre pueden perder la excitación. Esto puede deberse a que el tiempo que se pasa en el período de meseta se prolonga más de lo debido. Recuerden lo que decíamos al principio de este libro: según las encuestas, «un buen acto sexual debe durar entre tres y trece minutos». También se puede perder la excitación si se sabe que la intimidad es peligrosa o incomoda, sea porque pueden ser interrumpidos por los niños, o porque lo están haciendo en el asiento del auto, y temen ser descubiertos por miradas intrusivas. Y como muchos sabrán, en el auto también podemos hacer el amor. Alguno me dirá: «El único lugar diseñado por Dios para mantener relaciones sexuales es la cama». Dios no diseñó lugares para hacer o no el amor. Aunque lo indicado es hacerlo con intimidad, la opción del auto no es para hacerlo en la avenida principal de la ciudad donde vivimos sino, por ejemplo, cuando nos vamos de camping y ha llovido lo suficiente como para que tengamos que abandonar la carpa.

Hay que mirar el espectáculo

Otros pierden la excitación porque dejan de observar el espectáculo. ¿Esto qué significa? Si alguien va al teatro a observar un espectáculo, no piensa en lo que debe hacer el lunes por la mañana. Si esto sucede, no podrá disfrutar de la obra, ya que estará allí en cuerpo, pero en mente, en el lunes por la mañana. Lo mismo sucede con la sexualidad: si se tiene el cuerpo allí, pero la cabeza en otro lado, se perderá la excitación. A veces no hace falta llevar la cabeza muy lejos, alcanza con pensar en el rendimiento sexual que esperamos tener, o con pensar en qué estará sintiendo el otro. Si bien es cierto que, en este caso, el varón pierde la excitación, no podríamos decir que se trata de ausencia de deseo sexual sino porque se presentaron los niños. En el varón, la pérdida de excitación genera pérdida de erección.

«¡No me puede pasar ahora!» «¡Es la primera vez que me ocurre!»

Otro problema que aparece en esta etapa es la *disfunción eréctil* o mal llamada impotencia. Este término ha dejado de utilizarse por tener contenidos despectivos. La disfunción eréctil es cuando un varón presenta una dificultad para lograr o mantener una erección que posibilite una relación sexual satisfactoria. La disfunción eréctil puede ser *primaria*: el sujeto nunca logró mantener una erección en ninguna experiencia sexual; o *secundaria*: ha mantenido relaciones sexuales con buenas erecciones pero, a partir de un momento de su vida, ha dejado de tenerlas. Esto puede deberse a varios factores: pérdida de un empleo, la partida de los hijos, la sensación de haber envejecido, entre otros. Es cierto que esta dificultad suele aparecer también en la etapa de la excitación. No obstante, prefiero mencionarla acá, ya que, por lo general, el varón se encuentra excitado y no logra una erección cuando necesita una penetración. Y esto puede llegar a ser muy traumático, y más si no logra la comprensión de su mujer. También hablamos de disfunción eréctil cuando el varón ha logrado la erección, incluso la penetración, pero la pierde a medida que transcurre el acto sexual. En este segundo caso, también permanece la excitación, pero se vuelve difícil la continuidad del acto sexual, ya que la pérdida de la erección es muy evidente. Suele ser muy recomendable no desesperarse ni atribuir significados e interpretaciones maliciosas sino descansar un poco sin dejar de concentrarse en el espectáculo (me refiero a la esposa).

Siempre es bueno aclarar que una disfunción eréctil no es sinónimo de infidelidad. Cada vez son más los matrimonios que llegan al consultorio con problemas de esta índole. Y como ya lo hemos mencionado antes, cada problema sexual suele estar acompañado de una interpretación particular que, en la mayoría de los casos, es dolorosa para ambos.

En una ocasión tuve de consulta un matrimonio. El señor tenía la «desgracia» de padecer de disfunción eréctil. Y digo «desgracia» porque para muchos hombres es casi como haber perdido la gracia. Recuerdo que era más bien tímido y callado, y la que llevaba la «voz cantante» era ella. En una sesión, luego de relatar todos los sucesos de cómo había devenido el síntoma, la señora irrumpió con la pregunta tan temida por los hombres que padecen esto: «Quiero hacerle una pregunta, porque no entiendo qué provoca esto. Dígame la verdad, ¿no será que mi marido es homosexual, y por eso no tiene erección?»

Por favor, trate de imaginar aquella escena. La señora increpando al marido a través de la pregunta al profesional, y el marido, como no puede ser de otra manera (transpirando como testigo falso), esperando el veredicto condenatorio que reza: «Si no hay erección, es porque hay una homosexualidad reprimida». Ahora bien, ¿por qué el señor permite que su esposa haga esta pregunta? Pues bien, porque en la intimidad de esta pareja la acusación ya fue realizada con anterioridad, y tal vez él toma por cierta la idea de una homosexualidad latente, que causa una disfunción eréctil. No obstante, mi respuesta obvia fue que *nunca una disfunción eréctil tiene que ver con homosexualidad*. Basta con pensar que los varones homosexuales, para tener una relación sexual, necesitan de una buena erección, ya que un ano es seguramente más difícil de penetrar que una vagina. Sin embargo, no conforme con esto, continuó: «Pero entonces si no es homosexual, ¿quiere decir que no le gusto?»

¡Ay, nuestro orgullo! Esta experiencia es como el ciego que se había casado con una señora muy, muy fea, y un día se encuentra con Jesús, que le dice: «Te voy a devolver la vista». Cuenta la historia que ese hombre nunca recuperó la visión. ¡La mujer se opuso terminantemente!

Estoy seguro que la señora hubiera preferido que le dijera que su marido era homosexual, a pensar que había dejado de gustarle a su hombre. Parece extraño, pero esto es así. Muchas preferirían una razón inconsciente que justifique la situación, a pensar que pueden no excitar a sus esposos.

Mi respuesta no se hizo esperar: «No es que sea homosexual. Tampoco creo que se trate de que usted haya dejado de gustarle. A veces pasa que, cuando un hombre se siente presionado, no logra el resultado sexual que desea. De hecho, esto también sucede con las mujeres, solo que en ellas la evidencia no se nota. En el hombre, la evidencia es la pérdida de la erección».

Sin embargo, la señora no había llegado hasta allí para dejarse «torcer el brazo» tan fácilmente. Insistió: «Pero si no es homosexual y no he dejado de gustarle, ¿quiere decir que tiene otra? Por eso no tiene erección conmigo, pero sí con la otra».

A estas alturas de la entrevista, el señor estaba pálido, blanco. Todas las opciones eran malas: o era homosexual, o estaba acusado de no gustar de su esposa, o era un infiel mentiroso. Imagino que se sentía como el apóstol Pablo que, al estar encarcelado, logra sobrevivir al naufragio y lo muerde la serpiente.

Entonces, por un momento, llegué a pensar que el señor estaba convencido de todo lo que la señora decía, pero después me di cuenta que su palabra no tenía autoridad. Muchas veces había intentado mostrarle a su esposa que estaba equivocada, pero la evidencia era irrefutable: «No logra la erección». Una vez más tome aire y le respondí: «Puede ser que el señor tenga otra o puede ser que no. No lo conozco tanto como para asegurar que esto sea o no así, pero la realidad demuestra que un hombre que mantiene sexo fuera de su matrimonio llega a su hogar más necesitado de sexo, y no suele tener disfunciones eréctiles».

Esto es paradójico, pero suele ser cierto. Cuando un varón mantiene relaciones extramatrimoniales, es decir, es infiel, suele estar mucho más dispuesto y con mejores erecciones en su hogar, porque, al estar activo el organismo y al segregarse una cierta cantidad de hormonas, el cuerpo pide más, al igual que una droga. «La función hace al órgano», reza un axioma de la medicina. En otras palabras, cuanto más funciona, mejor anda. Ahora bien, no está de más aclarar que no porque un varón tenga buenas erecciones y un buen nivel de deseo sexual es que sea infiel. Esto es lo normal: tener activo el deseo y desarrollar buenas erecciones. Lo que quiero decir es que difícilmente un varón infiel tendrá una disfunción eréctil en su hogar. Antes me atrevo a decir que la disfunción eréctil la tendrá con su amante, ya que con ella es con quien se juega el mayor nivel de ansiedad.

Por último, como la mujer no necesita un orgasmo (algo que al hombre le resulta difícil comprender, ya que ningún varón considera completa una relación sexual si no acaba eyaculando), puede pasar en esta etapa de la meseta un buen rato, y sentirse satisfecha al final de la relación sexual, sin haber alcanzado ello. Esto es importante por varios aspectos. Por un lado, para entender que, según algunas encuestas, solo la mitad de las mujeres alcanzan el orgasmo la mitad de sus relaciones sexuales. Sin embargo, el orgasmo en la mujer no es condición de disfrute. Una mujer puede sentirse satisfecha sin siquiera haber experimentado dicha sensación.

Mujer, si no estás alcanzando el orgasmo, pero al finalizar

la relación te encuentras satisfecha, no te inquietes; es posible que hayas tenido un orgasmo de los que denomino «silencio-sos». Lo importante es que te encuentres relajada.

El segundo aspecto importante que los hombres deben entender es que siempre que la mujer quiere el orgasmo es fundamental proporcionárselo. El varón debe encargarse de acompañarla en ello, acariciarla con las manos, con las piernas. Y esto no es masturbación en la pareja. No existe allí masturbación. La sexualidad siempre ha sido descrita desde el varón, por lo que no es raro encontrarse con la situación de que la relación sexual termine cuando él acaba eyaculando.

El mito de la pared

En esta etapa puede aparecer en la mujer un síntoma sexual llamado vaginismo, que es la imposibilidad de llevar a cabo el acto sexual, debido a la contracción involuntaria del músculo pubo-coxígeno (músculo que tanto hombres como mujeres tienen). En la mayoría de los casos, estas mujeres pueden disfrutar de toda la actividad sexual, siempre y cuando no se intente la penetración, ya que el solo contacto de la cabeza del pene con el genital femenino dispara un reflejo involuntario, que lleva a la contracción del músculo, lo cual vuelve imposible la penetración. De lograrla, suele generar dolores en la mujer, e incluso existe la posibilidad de un desgarro. Estas mujeres suelen tener buenos orgasmos, pero sin que se intente recurrir al coito como medio para alcanzarlo.

Por otra parte, la imposibilidad del varón de llevar a cabo una penetración suele estar asociada a la idea de que existe allí una pared que lo hace imposible. En casi todos los casos, este síntoma se presenta por causas psicológicas, que tienen como origen temores muy profundos como el miedo a que duela o a un embarazo. También puede ser la consecuencia de una situación traumática como una violación o un abuso sexual. Aunque en la mayoría de los casos se debe a algún temor, lo cierto es que están arraigados a la falta de información o distorsión de la misma.

En todos los casos conviene leer y conocer sobre la

sexualidad y las diferentes sensaciones que irán sucediendo a medida que transcurra la relación. Cabe aclarar que el conocimiento no debería ser solamente teórico; es de radical importancia que la mujer conozca sus genitales, que los explore, para anticipar, al estar con su marido, posibles sensaciones que causen alguna molestia.

En los casos más extremos, este síntoma puede llevar a lo que se conoce como *matrimonios no consumados*, aquellos donde no se logra consumar el coito de ninguna manera y el problema persiste en el tiempo (se ha fijado arbitrariamente un período de seis meses). El síntoma puede ir acompañado de una *aversión al sexo o fobia sexual*. Aquí la mujer siente repulsión por la actividad sexual y no le interesa nada que tenga que ver con la sexualidad, ni siquiera los juegos sexuales previos, mucho menos alcanzar un orgasmo. También es frecuente que esta sintomatología en la mujer sea acompañada por una en el varón, como eyaculación precoz o disfunción eréctil, lo que hace dificultoso los intentos de lograr la penetración, ya que la pareja intenta lograrla pero los ensayos terminan demasiado rápido, y el varón es ahora el que no está en condiciones de llevar a cabo una penetración.

Empiece a solucionar los problemas

La solución de este problema parte de la *información correcta* y de no distorsionar la relación sexual con ideas falsas o erróneas. Por ejemplo, una mujer puede sentir, en el momento que su esposo la quiere penetrar, las mismas sensaciones experimentadas cuando fue abusada sexualmente. Y todo ello se deriva de ideas inconscientes, como que la sexualidad es mala o que está siendo de nuevo víctima de un abuso sexual. Esto lleva a una contracción *involuntaria* del músculo.

También existen ideas erróneas que llevan a la contracción de la vagina, que nada tienen que ver con el abuso sexual o la violación como la idea de que el disfrute está asociado al pecado, o al hecho de ser una mujerzuela. Muchas mujeres han tenido una educación sexual tan rígida que las ha llevado a pensar que si disfrutan del sexo, dejarán de ser lo que siempre les enseñaron: una buena mujer, una buena madre. Para solucionar este problema hay que animarse a *dejar de lado ciertos roles que suelen ser demasiado rígidos,* como el de madre (porque una madre no puede disfrutar del sexo, debe cuidar de sus hijos). Hay que animarse y permitirse explorar otros roles como el de amante de su esposo, o como la mujer apasionada.

Hay que cambiar en la mente los principios que gobiernan nuestra conducta. Si siempre piensas: «Me va a doler», te puedo asegurar que «te dolerá». Muchas personas, antes de tener un síntoma o problema sexual, tienen lo que el Dr. Norman Vincent Peal llamó una *esclerosis psíquica.* Así como existe la arteriosclerosis, que consiste en el endurecimiento de las arterias, existe un endurecimiento de los pensamientos: son tan rígidos y duros que se forman sistemas de creencias que por lo general son falsos, pero que se sostienen porque parecen verdad. La esclerosis psíquica es más grave que un síntoma sexual, ya que, por lo general, antecede a cualquier síntoma sexual.

Piensa en esto: *si no estás resolviendo tu problema sexual, es porque sigues intentándolo de la misma manera.* Debes aprender a pensar distinto.

Hace unos años atendí un matrimonio con síntomas de vaginismo y pérdida de la erección. Lo interesante del caso es que ella comenzó a cambiar y a permitir que su marido la penetrara a medida que fue liberándose de principios demasiado rígidos y distorsionados. Recuerdo en una sesión que el marido me relató que su esposa le dijo en el ascensor de su edificio: «Hoy quiero que me la metas bien adentro». Ella se sintió avergonzada por la intimidad que él estaba contando. Sin embargo, me pareció algo maravilloso, porque creo que los llevó a la solución de su problema. Ella estaba declarando con su boca lo que quería que sucediera en su vida sexual.

Como sabemos, la fe siempre funciona. Cuando uno declara con la boca y cree con el corazón, las cosas empiezan a cambiar. Los seres humanos tenemos el mismo principio creativo que Dios; él lo ha puesto en nosotros. Dios dijo: «Y fue hecho».

De igual manera podemos crear realidades diferentes cuando comenzamos a declarar cosas que queremos que sucedan. Si repites: «Me dolerá», «No creo que entre», «Esto es horrible. No fue como me lo contaron», esa será la realidad que vivirás. Y la experimentarás de esa manera porque piensas tu realidad de esa forma.

Es de vital importancia pensar correctamente, y pensar cosas buenas con y de nuestro cónyuge, incluso pensamientos que incluyan la sexualidad. Y esto no es pecado; así funcionamos los seres humanos. Siempre hemos creído que pensar en cosas sexuales es poco espiritual, o hemos dejado todo lo que concierne a la sexualidad a la espontaneidad del momento. No está bien que funcionemos así. Que de vez en cuando las relaciones sexuales sean espontáneas está bien, pero lo ideal es que pensemos como seres sexuales para ser creativos, ya que si se deja todo al azar o a la espontaneidad, todo será siempre igual, siempre monótono. Tendremos una fuerte tendencia a repetirlo siempre de la misma manera. Para cambiar algo, primero debo identificar qué es lo que deseo cambiar y luego pensar en la forma en que voy a lograr hacerlo.

La gente siempre se queja de la falta de creatividad del cónyuge; o de que a medida que pasa el tiempo, desaparece el deseo; pero la realidad es que pocas veces se dedica tiempo a pensar en la sexualidad, en cómo mejorarla, en qué realizar que deje sorprendido y con la boca abierta a nuestro cónyuge, o en qué se podría hacer distinto para que sea como siempre se la soñó.

Advertencia para el señor: la danza erótica en ropa interior no sirve. Está comprobado que no genera el resultado que los hombres buscan. Suelen generar risitas, poco eróticas; pero si eres capaz de soportar dichas risitas, eres un afortunado que puede danzar.

Advertencia para la señora: no esperes que él adivine tus expectativas, ni cuentes con que sabrá entender todas tus necesidades. Debes ser clara, ¡bien clara!

Hace un tiempo compartí un lema a una pareja que vino a verme: «Vayan a un motel para poder recuperar la pasión» (actividad que al principio del matrimonio realizaban). Lo interesante es que la señora fantaseó con que él la llevaría a un conocido hotel cinco estrellas de nuestra ciudad, pero el señor se limitó a llevarla a un motel de mala fama, donde el agujero más chico de la sábana tenía el tamaño de su puño. Como se darán cuenta, el remedio fue peor que la enfermedad.

La sexualidad dentro del matrimonio es algo que hay que pensarlo para que luego y solo luego se pueda desear. Hay que practicarla con entusiasmo. La palabra entusiasmo se deriva del griego *en* y *theos*, que significa: «Dios en ustedes» o «Llenos de Dios».

Tercera: el orgasmo

La tercera etapa es el orgasmo (el postre), también llamado clímax, que en el original griego (κλῖμαξ)) significa «escalera», «subida». Es el punto o culminación de un proceso; es el punto máximo del placer sexual. Antes del orgasmo, sube la concentración de sangre a los genitales. Además, tanto en el varón como en la mujer, el ritmo cardiaco y respiratorio se vuelve a acelerar y se experimentan diversas contracciones de los músculos en las zonas genitales. Toda esa sensación que tenemos es porque se contraen los músculos y, de repente, se relajan. Esto genera una sensación de placer que se llama orgasmo. Para llegar a este punto debes conocer el camino, debes trazar un buen mapa que te lleve a descubrir los tesoros escondidos de la sexualidad. Lo bello de esto es que solo tú conoces el camino y solo tú eres capaz de diseñar un mapa para enseñárselo a tu amada(o).

En el hombre

El orgasmo activa contracciones musculares en la zona genital desde la participación del centro sexual del hipotálamo. Hay contracciones en órganos como el conducto deferente, la vesícula seminal, la próstata, la uretra y el mismo pene.

Inmediatamente después, se produce la eyaculación. Aunque existen prácticas sexuales que permiten los orgasmos sin eyaculación; estas prácticas son utilizadas en el sexo tántrico por el taoísmo.

El hombre alcanza el orgasmo mediante la estimulación del pene, a través del coito o la estimulación manual. Aunque también existe la posibilidad de alcanzarlo al estimular la próstata. Tal es así que muchos han denominado a la próstata como el punto G masculino. Y al punto G femenino, que se lo encuentra en la parte superior de la vagina, se le llama la próstata femenina.

Hoy se sabe que el orgasmo por coito produce cuatro veces más la hormona prolactina que el orgasmo manual. Esta hormona es la responsable de las sensaciones de bienestar y cansancio después del orgasmo. Este resultado fue asociado a la vivencia subjetiva del varón en uno y otro caso, lo cual atribuye al coito mayores sensaciones de placer.

En la mujer

Antes y durante el orgasmo, la vagina produce líquidos que generan la lubricación, lo cual favorece la concepción, ya que facilita la movilidad de los espermatozoides y la misma penetración. Si esto no se diera, la penetración podría resultar dolorosa y causante de algunas molestias. El orgasmo en la mujer también produce contracciones musculares, las cuales favorecen la concepción, ya que conectan al cuello uterino con el semen.

Un punto importante que ha causado grandes confusiones es la diferencia entre el orgasmo vaginal y el orgasmo clitoral. Aun hoy existen muchas mujeres (y hombres) que creen que el orgasmo que no es producido por el coito es de menor intensidad, que es infantil, incompleto o perverso. Estas ideas provienen de Sigmund Freud (el padre de la psicología), que decía que «toda actividad sexual que no termina en coito es perversión». Él también afirmaba que los niños se tocan los genitales porque son perversos polimorfos; pero que, al llegar a la adultez, esta práctica la cambiaban por el coito. Sin embargo —decía—, si una pareja adulta continua practicando las caricias manuales, da cuenta de aspectos inmaduros en su desarrollo.

En la actualidad, casi nadie da crédito a estas ideas, ya que se sabe que el porcentaje de mujeres que alcanza un orgasmo en el coito es menor, y en el caso de que lo logren, solo lo hacen la mitad de las veces que practican relaciones sexuales con sus esposos. Elizabeth Wilson, en su libro *Mejor sexo*, dice que solo el treinta por ciento de las mujeres alcanza el orgasmo si las penetran. Además se refiere a encuestas en las que se dice que el noventa por ciento de las mujeres solo puede conseguir el orgasmo con sexo oral o estimulación manual de sus parejas.

Teniendo en cuenta estos datos, sería injusto calificar de inmaduras a todas aquellas parejas que no logran el orgasmo al mismo tiempo (dicho sea de paso que esto es la excepción a la regla), o que para que ella lo alcance necesita la estimulación manual.

Hoy se sabe que el interior de la vagina cuenta con muy pocas terminaciones nerviosas, y que es en el clítoris donde la mujer tiene mayor sensibilidad, lo cual les permite experimentar las sensaciones tan agradables provenientes de la estimulación. El clítoris es un músculo que se encuentra fuera de la vagina, en la parte superior, y al estar la mujer excitada, se ensancha y adquiere un mayor tamaño, que puede variar de una a otra mujer. Esta parte del cuerpo mide aproximadamente once centímetros: sus nervios son conectados al interior vaginal y llegan hasta los muslos. La parte visible se la llama punta de clítoris, y es solo una parte del órgano. Por lo tanto, también los «orgasmos vaginales» son clitorales, ya que son estimulados los nervios de este órgano a través del interior de la vagina y de los labios en la parte externa. Lo novedoso de las recientes investigaciones es que han descubierto que este músculo se introduce por debajo de la piel para formar ramificaciones que rodean ambos lados de la entrada vaginal. En los labios mayores y menores, estas ramificaciones son las responsables de la sensación placentera al momento de la penetración; pero no por ello el orgasmo es exclusividad de esta zona. De hecho, la mayoría de las mujeres los alcanzan, como dijimos, con la estimulación manual de sus esposos. De allí que es importante romper el paradigma de que una pareja que se toca los genitales está realizando una práctica sexual inmadura, incompleta, infantil o pecaminosa. Quienes piensen esto estarán condicionados al rendimiento masculino. Vale decir que la relación sexual dura lo que el varón aguante. Si pierde una erección o eyacula rápido, la relación sexual termina, porque luego de ello, no hay lugar para las caricias. Esta idea solo puede ser sostenida por los que viven la cultura de la falocracia, aquellos machistas que insisten en que el rendimiento y las prácticas sexuales se deben seguir solo desde una mirada masculina, sin tener en cuenta las necesidades de las mujeres.

Esto no debe ser así. Dios ha dado libertad a sus criaturas para expresarse sexualmente con todos los recursos disponibles. La Biblia no hace ninguna referencia a que tocar los genitales de la pareja sea algo que desagrada a Dios. Por otro lado, saber que las mujeres no tienen muchas terminaciones nerviosas dentro de la vagina «echa por tierra» la idea de que un «pene largo» proporciona mayor placer (el placer se encuentra a la entrada, no al interior).

Es interesante cómo este mito todavía tiene gran sustento en nuestra sociedad. Cada tanto me encuentro con hombres que consultan por su «mito del pene corto», y que difícilmente logran concebir la idea de que uno largo no es garantía de mayor placer. Lo paradójico es que también existen muchas mujeres que sostienen la fantasía de que uno largo es garantía de placer. Uno de ese tamaño puede resultar un serio problema para muchas parejas. De hecho, he atendido varios hombres y mujeres que presentan como problema el tamaño excesivo del pene. Esto para la mujer es un problema, porque el varón ejerce mucha presión hacia adentro y termina lastimándola. Y los varones protestan porque nunca logran introducirlo todo en sus esposas, sin recibir airadas quejas a cambio. En todos los casos que he atendido este problema, la pareja padecía de una menor cantidad de relaciones sexuales. Allí la práctica del coito no era placentera para alguno de ellos o para ambos, lo cual los llevaba a prácticas menos dolorosas como el sexo oral o manual.

Espero que muchas parejas puedan descubrir orgasmos más intensos y con mayor libertad al permitirse la exploración de su genitalidad.

El Punto G (el pequeño tesoro escondido)

Existe otro aspecto importante en la estimulación femenina que favorece el orgasmo. El *punto de Gräfenberg*, más conocido como *punto G*, llamado así en honor a su descubridor, el ginecólogo alemán Ernst Gräfenberg. Esta es una pequeña zona del área genital de las mujeres que está localizada detrás del hueso púbico y alrededor de la uretra, por dentro de la vagina y en la parte superior. Allí se encuentran las glándulas de Skene.

Se dice que estimular el punto G proporciona un orgasmo más vigoroso y satisfactorio, que puede propiciarse mediante el pene o con los dedos. Suele ser muy útil conocer estas zonas del cuerpo, ya que la estimulación en esta área facilita los orgasmos. No obstante, como dijimos antes, para llegar a estos pequeños paraísos del placer debes trazar un mapa que lleve a tu amado hacia allí. Esto significa que debes conocer tu cuerpo, debes saber dónde están ubicadas estas zonas y debes conocer las sensaciones que te deparan su estimulación.

Muchos prefieren recorrer este camino juntos y llegar allí por medio de un mapa diseñado por ambos. Esto está bien y es válido, pero no quita que cada quien conozca muy bien su cuerpo. Resulta altamente beneficioso saber de antemano cuál es la presión adecuada y los diferentes recorridos que se deben seguir para llegar hasta allí, ya que en cada mujer es diferente; además porque los varones generalmente solo conocen un camino: quitarle a la mujer la ropa interior lo más rápido posible, tocarle los genitales e introducir los dedos a la mayor velocidad y profundidad que se les permita. Y bueno, como te darás cuenta, tal vez no es esto lo que tú deseas. Es por ello que debes conocer tu cuerpo. Ya lo dice la vieja y conocida canción: «Arroz con leche, me quiero casar, con una señorita de San Nicolás. Que sepa tejer, que sepa bordar, *que sepa abrir la puerta para ir a jugar*».

Es importante saber tejer y bordar, pero más divertido es saber *abrir la puerta para ir a jugar*.

Las ventajas del orgasmo

Hoy se sabe que en ambos sexos, al alcanzar el orgasmo, aumenta la concentración de anticuerpos en sangre y saliva. Esto se da de esta manera, para destruir potenciales gérmenes de la pareja, que pueden resultar nocivos. Con el orgasmo también se genera la hormona oxitocina, que induce a un mejor sueño nocturno y a mejorar las relaciones en general, las cuales aumentan la regeneración del cuerpo y retrasa su envejecimiento (es el mejor elixir de la juventud). Además de mantener relaciones sexuales con sus consecuentes orgasmos, ayuda a bajar de peso, ya que se queman una importante cantidad de calorías, que podrían llegar a las trescientas por orgasmo, debido a la gran cantidad de músculos que se contraen.

Hay quienes aseguran que tener relaciones sexuales con frecuencia evita el cáncer de próstata en el varón y el cáncer de útero en la mujer. Por otro lado, una buena cantidad de orgasmos disminuye los dolores premenstruales. Sobra decir que el orgasmo libera tensiones acumuladas, aumenta la estima y mejora la identidad sexual.

Diferentes tipos de orgasmos en la mujer

Cuando hablo de diferentes orgasmos, me refiero a la mujer, ya que el varón solo tiene uno. En la mujer, por lo menos distingo tres tipos de orgasmos, a los que he llamado: (a) el orgasmo caída, (b) el orgasmo meseta-orgasmo-caída, y (c) el orgasmo silencioso.

Veamos nuevamente el cuadro que aparece en el capítulo dos.

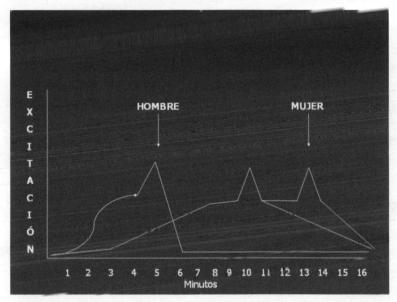

Gráfico 5
Fuente: (Lic. Omar Hein)

El primer caso (a) es el orgasmo característico de los hombres: un primer período de excitación, con un pequeño paso por la etapa de la meseta, y luego el orgasmo. Como dijimos antes, estadísticamente esto se da en los seis primeros minutos. Para el caso de los hombres que vuelven a una relación coital luego de un primer orgasmo, se repite el mismo proceso: la excitación, un período de meseta (que en este segundo caso suele ser más extenso), y luego una caída.

A partir del segundo tipo de orgasmos (b), hablamos de lo que puede suceder en las mujeres. Allí ocurre algo similar a lo que experimenta el varón. Hay mujeres que se excitan, tienen un período de meseta, y luego un *orgasmo caída*. La única diferencia es que, para lograrlo, la mujer necesita más tiempo.

El (b) orgasmo meseta-orgasmo-caída es un caso aplicado a las mujeres conocidas como «multiorgásmicas». Ella se excita, permanece en un tiempo de meseta, para luego tener un orgasmo; pero, a diferencia del caso anterior, la mujer no experimenta la caída sino que vuelve a un estado de meseta y está

135

en condiciones y a la espera de un segundo orgasmo, y puede repetirse este proceso varias veces.

Al último caso (c) lo denomino *orgasmo silencioso*, ya que la mujer no experimenta la sensación de orgasmos ni de contracciones musculares sino más bien un lento y paulatino descenso de la excitación, para luego experimentar una sensación de satisfacción y plenitud. En estos casos existen descargas libidinales, pero no son percibidas por la mujer. Siempre que una mujer se siente relajada luego del encuentro sexual es porque ha experimentado un orgasmo.

Muchas mujeres pueden percibir vivencias de este tipo de orgasmos en alguna oportunidad, sin ser esta forma la que aparezca con mayor frecuencia.

Sin embargo, este no es el caso de las mujeres que no perciben un orgasmo y que no se sienten satisfechas con la estimulación que han recibido de sus maridos. Una mujer que siente insatisfacción no ha tenido un orgasmo, y en ese caso estaríamos hablando de una anorgasmia (problema que veremos más adelante).

En todos los casos (b) y (c), las mujeres necesitarían entre doce y dieseis minutos, según datos de diferentes encuestas y datos que obtengo de la clínica.

Cabe aclarar que ninguno de estos orgasmos es mejor que otro y que en ningún caso una mujer es mejor que otra por la manera de expresarse sexualmente. *No existe lo mejor o peor; existe lo diferente.*

Resulta de vital importancia conocer estas diferencias, ya que, al momento de experimentarlas, las parejas sabrán que están dentro de la normalidad y que la vivencia es subjetiva, es *su* forma de sentir placer. Para el hombre es crucial entender estos aspectos. De no hacerlo, puede demandar un orgasmo cuando la mujer no lo necesita, o a exigir mayores cantidades de orgasmos, o a acusarla de ser demasiado lenta y que por ello no es capaz de esperar.

Cuando el orgasmo se vuelve un problema, el caso del pajarito (que come y se va)

La eyaculación precoz es una falta de control sobre el reflejo eyaculatorio. Por tanto, es un trastorno de la fase del orgasmo durante la relación sexual. Los pioneros en investigación sobre sexología fueron los doctores Masters y Johnson, los cuales afirman que un hombre sufre de eyaculación precoz si llega antes de que la mujer logre al menos un cincuenta por ciento de su orgasmo. Sin embargo, estudios posteriores han definido que se sufre de eyaculación precoz cuando no se puede controlar después de dos minutos de haber penetrado.

Alfred Kinsey, en los años 1950, realizó una encuesta que arrojó como resultado que el setenta y cinco por ciento de todos los hombres no logran controlar la eyaculación luego de dos minutos después de la penetración, en más de la mitad de sus relaciones sexuales. Hoy, la mayoría de los especialistas estamos de acuerdo en definir a la eyaculación precoz como *«la falta de control eyaculatorio, a tal punto que interfiere con el bienestar sexual y emocional de uno o ambos amantes».*

Algo importante para recordar

Hoy se sabe que la gran mayoría de los hombres experimentaron una eyaculación precoz en algún punto de su vida sexual. Este frecuente problema afecta del veinticinco al cuarenta por ciento de los hombres, y es el que lidera la motivación de asistir a una consulta. En los casos más graves, el hombre eyacula antes de la penetración de su pareja o segundos después de hacerlo, lo que termina ocasionando un alto nivel de frustración. La eyaculación precoz es un problema que aparece como consecuencia de un mal aprendizaje. De forma instintiva, el varón esta genéticamente dotado para procrear, y su genética funciona de tal manera que lo lleva a una práctica sexual donde se asegure la procreación de manera rápida y efectiva. Es decir, desde una perspectiva biológica, tiene una fuerte tendencia a buscar de manera rápida tanto la penetración como la descarga de semen.

Este proceder tiene una lógica que hoy en día es difícil de entender, ya que las mujeres se permiten demandar un orgasmo a su hombre cuando así lo desean, y cada vez que su amado no lo proporciona, experimentarán una gran frustración. Sin embargo, como veníamos diciendo, es más fácil entender la lógica cuando pensamos en que hace muchos años atrás no existían la comodidad de una habitación, ni puertas que se cerraran con llave para evitar visitas indeseadas, además de la expectativa de vida de tan solo cuarenta años (por ejemplo, en la época de Jesús, no superaba los cuarenta años). Si a esto le agregamos las guerras repentinas y las amenazas de pueblos vecinos, podemos entender que los hombres no podían dedicar mucho tiempo a la sexualidad sino más bien a cuidar sus espaldas. Es allí donde la lógica de descargar lo más rápido posible para preservar la propia genética adquiere un sentido distinto al que tenemos hoy. Tal vez en aquellas épocas tener una relación demasiado prolongada era el verdadero problema.

Para explicar un poco mejor esto, basta con observar a los primates. Los chimpancés no tardan más de cinco segundos en alcanzar el orgasmo con su consecuente eyaculación, ya que en ellos se puede ver claramente que lo que más importa no es la cantidad de tiempo sino inseminar a la hembra con la genética propia.

Este aprendizaje biológico ha sido transmitido de generación a generación. Y de aquel tiempo a acá esto se ha convertido en un problema, razón por la cual decimos que se debe a un mal aprendizaje. Por lo tanto, hay que reaprender a hacerlo. Para ello, debemos tener en cuenta el principio que hoy sabemos y compartimos: *que la sexualidad es un privilegio que podemos disfrutar con el ser amado.* Hoy no necesitamos hacerlo rápido, porque podemos disponer de tiempo y de ambientes seguros para dedicarnos al disfrute de la sexualidad. Para ello debemos quitar el «pie del acelerador» y disponernos a ir más despacio. Este es el principio de la solución de la eyaculación precoz.

No obstante, dentro de esta afección hay que establecer algunas diferencias. La eyaculación precoz propiamente dicha, como la palabra lo indica, es cuando el hombre eyacula precozmente, antes de la penetración; pero existen otras variantes: una de estas es la *eyaculación rápida*. Este es el caso de un hombre que ha logrado penetrar pero, al cabo de unos pocos minutos, termina eyaculando. Aquí no se presenta una eyaculación precoz sino rápida. También existe la *eyaculación ultra rápida, que* se da cuando el varón apenas penetra, termina eyaculando.

En el caso de la eyaculación rápida, el varón logra mantener algunos minutos la relación sexual, pero acaba antes de lo que quiere. Siempre que un varón eyacula antes de lo que desea y permanece el deseo de extender la relación estamos hablando de eyaculación rápida, así haya penetrado quince minutos antes o más. *El problema no es el tiempo sino la falta de control.*

Existen otras variantes: *la eyaculación precoz primaria y la eyaculación precoz secundaria* (y no se refieren precisamente a la época en que aparecieron). Para el primer caso hablamos de un hombre que siempre presentó el mismo modo de eyaculación, nunca en su vida experimentó el control eyaculatorio. Mientras que para el segundo hablamos de aquel sujeto que tuvo control en algún período de su vida pero, por alguna razón, lo ha perdido. Algunas razones que podrían ocasionar este síntoma son, por ejemplo, gran estrés o la pérdida de trabajo; o el nacimiento de los hijos, que obliga a la pareja a hacerlo «rapidito», ya que pueden recibir una inesperada visita o verse interrumpidos por el llanto de su bebé. También puede deberse a un cambio de pareja. Este puede ser el caso de un hombre que queda viudo y, al constituir una nueva relación, aparece este síntoma sexual. En este caso incluso puede verse agravado por la ansiedad y el temor a no agradar a su nueva esposa.

Conocer las diferencias respecto a cada uno de los síntomas sexuales suele ser de vital importancia a la hora de encontrar la solución al problema, ya que un mal diagnóstico puede traer consigo un mal enfoque y, por lo tanto, un intento de solución equivocado.

Recuerdo que hace unos años atrás asistió al consultorio un hombre de unos sesenta y cinco años. Cuando pregunté por el motivo que lo había traído, respondió de manera áspera y directa: «No logro que se me pare». Tan ruda fue su respuesta que me sentí algo intimidado a preguntar sobre los orígenes del síntoma. Durante un tiempo «compré» su diagnóstico, es decir, que creí que ese era su problema, ya que su relato consistía en decirme que toda la vida había tenido relaciones sexuales satisfactorias, pero que, en estos últimos tiempos, no estaba logrando que se le erectara. A partir de esta primera evaluación, comencé a dar tareas y a evaluar diferentes hipótesis respecto del porqué del síntoma, pero parecía ser que nada ayudaba al desafortunado señor. Al ir pasando el tiempo, su angustia fue en aumento, y la mía también, ya que era un hombre activo que deseaba seguir practicando sus relaciones sexuales con la misma frecuencia de antes, pero no las podía lograr porque no alcanzaba una buena erección. Cuando nada dio resultados, decidí volver al principio. Le pregunté cómo era exactamente que aparecía su síntoma sexual. Su relato fue más o menos así:

—Sucede todas las veces. No sé qué quiere que le cuente. Ya le dije todo...

Por alguna extraña razón, a las personas les resulta muy difícil hablar de sus relaciones sexuales, tal vez porque hoy en día no se conserva el derecho a fallar. Sin embargo, continuó ante mi insistencia de ser lo más preciso posible.

—Bueno, como siempre, empiezo acariciando a mi esposa, le doy unos besos, nos sacamos la ropa interior y entro...

—¿Cuándo dice *entro* se refiere a penetrarla?

—Sí, claro.

—¿Y de qué tiempo estamos hablando? ¿Cuánto tiempo dedica a esta primera etapa?

—No más de uno o dos minutos.

—Bien, ¿y después qué sucede?

—Después de que entro, eyaculo. Y ahí viene el problema, no hay más erección, y qué puedo hacer. Antes no me sucedía. Y ahora no logro una buena erección.

—¿Usted me está queriendo decir que tiene una buena erección, penetra a su esposa, eyacula, luego pierde su erección y no logra recuperarla para una segunda penetración?

—¡Claro, eso es lo que estoy diciendo!

—¿Toda su vida practicó sus relaciones sexuales de esa manera?

—Sí.

—Bueno, déjeme decirle que su problema no es una *disfunción eréctil* sino más bien una *eyaculación rápida primaria*. Usted está logrando una erección, pero la pierde luego de una eyaculación. Es lógico y normal que luego de una eyaculación el hombre pierda su erección.

—Pero eso no me sucedía antes —interrumpió.

—Claro que no. El motivo es que en su edad el tiempo de período refractario es más extenso al que tenía cuando era joven. Usted ha resuelto mal un problema de eyaculación rápida; ese es su verdadero problema, y siempre lo solucionó con una segunda penetración, un segundo intento. Mientras fue joven, no hubo inconvenientes, ya que la segunda erección se daba de manera rápida y segura, además de que lograba una mejor producción en su tiempo de eyaculación, porque tenía su organismo *cansado*, y esto retrasaba su eyaculación rápida.

Esta práctica de una segunda vez es bastante recurrente en los hombres. Intentan resolver la dificultad de eyaculación rápida con una segunda penetración, ya que en esta segunda oportunidad se retrasa unos minutos la misma, porque el nivel de ansiedad ha disminuido, y esto otorga al individuo alguna sensación de control. No obstante, el problema con esta manera de resolver las cosas es justamente la edad y el paso del tiempo. Al avanzar la edad, el período refractario hace que el tiempo entre una erección y otra sea más extenso. A los sesenta y cinco años, como el señor de la consulta, el período refractario puede durar días. Por lo tanto, atribuir el problema a una disfunción eréctil es incorrecto. Cuando comenzamos a ver el problema como lo que es realmente, una eyaculación rápida, el síntoma comienza a ceder.

La eyaculación retardada

Se denomina de esta manera a la dificultad que tienen algunos hombres de eyacular, pese a que experimentan una fuerte sensación de excitación sexual. Puede ser *parcial*, es decir, solo sucede durante el acto sexual (pero no si el varón se masturba). Este tipo de casos suele presentarse en varones de personalidad obsesiva: donde se busca controlarlo todo y el orgasmo es experimentado como una pérdida de control que resulta amenazante. Por otra parte, en los casos donde urge «eyacular» y no se logra, significa un perjuicio. Esto puede suceder, por ejemplo, en una pareja que busca un embarazo y debe mantener relaciones sexuales en una determinada fecha o días, lo que aumenta el nivel de exigencia y las sensaciones de tener que cumplir. Y por supuesto que no eyacular sería un intento fallido de resolver la angustia que despertaría la idea de no quedar embarazados. El orgasmo, por lo tanto, no debe volverse un fin en sí mismo.

Esto también sucede si existen fobias sexuales. Aunque son casos similares a los anteriores, hay otro tipo de miedos como que el varón siente hacia el sexo femenino, a los genitales femeninos, o quizá a embarazar y lo que ello significa. También se presenta si hay depresiones. En estos casos el estado de ánimo se encuentra tan decaído, que eyacular no resulta una actividad llamativa, y estos son menos frecuentes en la consulta sexual. Lo más recurrente son las consultas por eyaculación precoz o rápida.

En cuanto a las mujeres, hay que decir que las dificultades en la etapa del orgasmo suelen ser más sencillas de explicar. *El orgasmo femenino está o no está.* Si bien es cierto, que el tiempo (que puede ser muy significativo) para alcanzar un orgasmo en una mujer difiere de una a otra, hay unas que lo alcanzan apenas son penetradas, mientras que otras pueden necesitar varios minutos de estimulación para lograrlo.

Sin embargo, por extraño que parezca, no existen tantas variantes para definir la dificultad en esta etapa. Cuando una mujer tiene orgasmos, no se menciona si fue precoz, o rápido, o ultra rápido. Y creo que esto se debe a que la mujer, a diferencia del hombre, no tiene periodo refractario. Por lo tanto, si tiene un orgasmo, la relación o el coito no tiene por qué acabar allí, ya que, luego del orgasmo, puede retornar al período de meseta (donde el nivel de excitación es elevado) y puede continuar disfrutando la relación sexual con plenitud. Además, como mencionamos antes, tiene la posibilidad de tener varios orgasmos en una misma relación. Algo que no se da en el varón, que una vez que eyacula, tiene dificultades para alcanzar nuevamente una erección; y si la logra, las sensaciones de placer que experimenta en esta segunda relación sexual son de menor intensidad. En las mujeres, alcanzar más o menos rápido el orgasmo solo sirve para efectos estadísticos y no repercute para nada en la sensación de placer.

Antiguamente se relacionaba el orgasmo femenino con el útero, es decir, se creía que el órgano responsable de que la mujer tuviera orgasmos era el útero (esta idea partía del hecho de que en el orgasmo femenino se produce una contracción del útero), pero no es este órgano el responsable de que el orgasmo se produzca. Y se asociaba al útero con la histeria, ya que en las neurosis histéricas presentaban dificultades para alcanzar orgasmos. Se creía que una mujer que no alcanzaba los orgasmos presentaba una neurosis histérica. Sigmund Freud creía que la histeria era solo un problema femenino. En esa época se llegó a asociar la ausencia del orgasmo con una actitud histérica. Cuando una mujer no podía tener orgasmos, era una histérica (incluso hoy se encuentran grupos que definen como histéricas a las mujeres que no tienen orgasmos). Ellos pensaron que el útero era responsable del orgasmo. Como las histéricas no presentaban orgasmos, pensaron que la histeria era el resultado del mal funcionamiento del útero, que entre otras cosas generaba dificultades para disfrutar la relación sexual. Un pensamiento lógico, pero incorrecto.

Era lógico pensar que la histeria era propiedad exclusiva de las mujeres, ya que solo ellas tenían útero. De hecho, aun hoy a la práctica de la extirpación del útero se la llama histerectomía. Este nombre proviene de aquella época, donde pensaban que la histeria se curaba con la extirpación del útero. Hoy en día se sabe que no es así, y que también la padecen los hombres. Una mujer que no presenta orgasmos no es una histérica. Cuando tiene dificultades para alcanzarlos, denominamos a ello *anorgasmia*.

Anorgasmia, ¿cuando el varón no es un buen amante?

La anorgasmia es la inhibición recurrente y persistente del orgasmo, manifestada por la ausencia del orgasmo tras una etapa de excitación normal, fase producida a través de una estimulación considerada adecuada en duración, intensidad y tipo, en la cual se puede o no presentar la lubricación. Este síntoma es el equivalente a la eyaculación retardada que se da en el hombre, solo que en las mujeres aparece con mayor frecuencia que en ellos. Muchas veces, cuando este síntoma aparece, suele ser asociado a que el varón no es un buen amante. Esta idea parte del mito de que los hombres deben ser fuertes y potentes, y proporcionar sendos orgasmos a su dama, todo lo cual parte de la cultura machista en la que vivimos. Para impedir ello, no pocas mujeres recurren a la simulación de orgasmos, a fin de evitar las quejas de sus maridos. Existen diferentes tipos de anorgasmia.

Absoluta: la mujer no es capaz de alcanzar el orgasmo de ninguna manera ni mediante ningún tipo de procedimiento.

Relativa: obtiene el orgasmo de una forma determinada

como cuando el esposo realiza estimulación manual de sus ge nitales. En este caso hablaríamos de anorgasmia coital.

Situacional: la mujer alcanza el orgasmo solo en circunstancias específicas.

Tanto la mujer como el hombre tienen derecho tanto a experimentar como no experimentar el orgasmo en las relaciones sexuales. Claro está que un individuo que no pueda experimentarlo por un tiempo prolongado podrá sentir que su nivel de tensión aumenta y, por ende, también la frustración. La sexualidad es como bailar un tango. Se baila de a dos. Si uno quiere hacer un paso y el otro no lo acompaña, es probable que no logren bailarlo correctamente. De igual manera, la sexualidad debe ser realizada de a dos. Si bien es cierto que debemos buscar la satisfacción personal, también debemos procurar proporcionar placer a nuestra pareja.

Hay mujeres que no quieren tener más sexo porque sus maridos las acusan de desear más orgasmos («Vos estás con la fiebre»). El problema es que el hombre puede llegar casi siempre una sola vez; esto es lo que ha sucedido siempre. Los varones han dominado lo que pasa en la pareja sencillamente porque la sexualidad hasta hace muy poco siempre fue definida por ellos. Y eran ellos los que se encargaban de determinar qué estaba bien y que no. Sin embargo, hoy todavía existen algunas tribus en África y Suramérica que practican la cliteroctomía, que consiste en la extirpación del clítoris para evitar que las mujeres disfruten de la relación sexual durante el coito, porque afirman que ello está reservado exclusivamente para los varones.

Muchos hombres dicen: «Tienes dos orgasmos; eres una calentona»; en lugar de decir: «¿Por qué no aguanto dos orgasmos contigo?» El tema es que la mujer puede tener dos o tres orgasmos, y el hombre solo uno, y luego de ello aparece el período refractario, como mencionábamos antes.

No quiero dejar de mencionar el hecho de que muchas veces pueden existir mujeres que sientan plenitud sexual incluso sin haber alcanzado el orgasmo. Ahora bien, en el caso del hombre, esto siempre será acompañado de una sensación de displacer y tensión, ya que necesita eyacular. Cada vez que lo hace, elimina una cierta cantidad de espermatozoides que están muertos, o han crecido demasiado y están viejos, lo cual permite que se produzcan otros más jóvenes. Cuando un varón no eyacula porque no tiene relaciones sexuales por alguna circunstancia específica, es muy probable que su organismo recurra a la polución nocturna, mecanismo que Dios diseñó de esta manera para limpiar el organismo de espermatozoides muertos o débiles. Y esto se presenta muy a menudo en los adolescentes. En esta actividad es probable que el varón tenga sueños eróticos, de los cuales no pude ser responsable (es imposible ser consciente de estos porque está dormido). Cabe aclarar una vez más que este sueño erótico no es pecado. Si lo fuera, ¿por qué Dios permite que tengamos sueños eróticos, excitantes? Cuando el varón experimenta una excitación durante sus sueños, no podemos decir que eso sea pecado. El hombre se excita. El problema no es excitarse.

La resolución

Muchos no consideran esta fase como una etapa dentro del ciclo de respuesta sexual. Sin embargo, hay algunos aspectos interesantes que mencionar. En esta fase, el organismo vuelve a la normalidad luego de haber experimentado el orgasmo. Tanto hombres como mujeres pueden experimentar varios orgasmos en un solo coito. La diferencia radical está en el hecho de que la mujer no presenta período refractario y el hombre sí, situación que dificulta que pueda volver a excitarse. En ese momento, el cerebro produce una masiva secreción de endorfinas que funcionan como un poderoso sedante, experiencia que lleva a que la fiesta se convierta en siesta. Si la relación sexual resultó ser satisfactoria, el recuerdo de esta servirá como invitación a un nuevo encuentro en un tiempo cercano. Por el contrario, si durante la relación, en cualquiera de las etapas mencionadas, apareció algún síntoma sexual, se experimentará frustración, tensión e incluso resentimientos. Y esto arroja como resultado que se eviten nuevos encuentros sexuales.

CAPÍTULO DIEZ

Conocer nos hace libres

«Si se mantienen fieles a mis enseñanzas, serán realmente mis discípulos; y conocerán la verdad, y la verdad los hará libres. —Nosotros somos descendientes de Abraham — le contestaron—, y nunca hemos sido esclavos de nadie. ¿Cómo puedes decir que seremos liberados? —Ciertamente les aseguro que todo el que peca es esclavo del pecado —respondió Jesús—. Ahora bien, el esclavo no se queda para siempre en la familia; pero el hijo sí se queda en ella para siempre. Así que si el Hijo los libera, serán ustedes verdaderamente libres»
—Juan 8:31-36

Siempre se ha mencionado este texto para hacer referencia a la libertad que tenemos al conocer la verdad del evangelio, y esto es cierto. De todos modos, podemos ver dos dimensiones en esta libertad y evaluar dos modos de alcanzarla, donde la segunda forma es más amplia que la primera.

En primer lugar, vemos que Jesús dijo: «Si se mantienen fieles a mis enseñanzas ... conocerán la verdad, y la verdad los hará libres». Empieza diciendo que si nos mantenemos fieles, si permanecemos en su Palabra, seremos sus discípulos. Y permanecer fieles a la Palabra nos lleva al conocimiento de la verdad de Dios. En esta primera dimensión de la libertad notamos que, para alcanzarla, el ser humano debe emplear su voluntad, es decir, debe «permanecer» en la Palabra. Esta actitud de permanecer allí lo lleva a «conocer la verdad», y conocer la verdad nos trae libertad.

La Palabra de Dios es una guía increíble para cada momento de nuestras vidas, y no es distinto en lo que se refiere a nuestra sexualidad. Con frecuencia sucede que no entendemos el potencial y el poder que está a nuestro alcance con tan solo permanecer y conocer la verdad de la Biblia. Muchos no vivirían su vida de esa forma si tan solo entendieran que el poder de Dios está en nuestro ADN.

Dios dijo, y fue hecho. Nosotros fuimos hechos a imagen y semejanza de Dios, lo que implica que poseemos el mismo potencial de decir y crear. Crear realidades diferentes de las que vivimos. Podemos vivir una sexualidad plena, satisfactoria y divertida. Sería bueno comenzar a hablar mejor de la sexualidad, en lugar de quejarse y protestar por lo que falta. Podemos crear realidades nuevas, aunque aún no las vivamos como: «No me dolerá», «Puedo hacer mejor las cosas», «Sé que mi matrimonio cambiará».

Hace un tiempo, camino a la ciudad de San Carlos de Bariloche, con mi esposa, íbamos escuchando un mensaje sobre el poder que tenemos los cristianos para crear realidades y el dominio que tenemos sobre el mundo natural. Cuando escuchaba esto, me dije: «Quiero vivir una experiencia así en mi vida». Cuando llegamos a Bariloche, ciudad que elegimos para pasar nuestras vacaciones de invierno, porque la nieve nos encanta, pregunté al hombre que atendía el lugar: «¿Cree que va a nevar?» Su respuesta fue poco alentadora: «Eh... no, no, no creo». Entonces me encerré en la cabaña y dije: «En el nombre de Jesús, ¡le ordeno a la nieve que venga ahora!» Esto sucedió el primer día. Cada día al levantarme, el hombre me decía: «No, mira, si no hace mucho frío, y hace calor como ahora, no nieva». Por supuesto, seguimos recorriendo el lugar, pero, al cabo de unos días, se nubló y pensé: «Qué bueno eres Dios, porque se viene lo que te he pedido». Y entonces empezó a nevar, a nevar, a nevar. Fue una tormenta increíble. No conforme con lo que había experimentado, dije: «En el nombre de Jesús, que venga una nevada histórica, como nunca antes». Jueves a la tardecita y viernes de mañana, nada. ¡Nada, eh! Había un sol enorme, parecía un día de verano, pero a la tarde comenzó a nublarse. El sábado, a las seis de la mañana, me desperté y había comenzado a nevar nuevamente, y puedo asegurarles que fue una nevada muy importante. La nieve permaneció hasta el martes por la mañana. Esto es solo un ejemplo del poder de la fe. Dios es increíblemente fiel y amoroso. Dios es bueno.

Él responde cuando nosotros soltamos una palabra. Todo el mundo natural empieza a funcionar con nuestra palabra.

Hay un principio en esto: Dios creó al mundo con la Palabra. Dios dijo y fue hecho. Y como Dios nos creó a su imagen y semejanza, poseemos el potencial creativo de Dios. ¿Lo crees?

Conocer la Palabra nos da poder, poder para mejorar, para lograr en nuestra vida todo aquello que soñamos; y este principio no es diferente en nuestra sexualidad. Muchas personas vienen al consultorio absolutamente convencidas de que su sexualidad no cambiará, que seguirán siendo un fracaso y que el disfrute sexual fue diseñado para otros, para personas más jóvenes, otros con más carisma, otros con más salud. Aquello que creas será lo que pienses y lo que pienses será lo que sientas, y ambas cosas harán que vivas de una determinada manera y no otra.

Esta es la primera libertad a la que Jesús se refirió cuando dijo que si nos mantenemos fieles, fieles a sus enseñanzas, seremos realmente sus discípulos; y conoceremos su verdad, y la verdad nos hará libres. Entonces le respondieron con asombro que ellos siempre habían sido fieles e hijos de Abraham. Y Jesús les respondió algo interesante: «Todo el que peca es esclavo del pecado». Y acto seguido nos da la receta para la segunda libertad: «Así que si el Hijo los libera, serán ustedes verdaderamente libres».

¿Cuántas personas están atrapadas en los pecados sexuales? Primero, esto sucede porque no conocen la Palabra, lo bueno y lo malo, lo que se puede y lo que no se puede, lo que conviene hacer y lo que no conviene hacer. Para colmo, además de no conocerla, se han vuelto esclavos de algún pecado. La mente no puede parar de pensar en realizar esta práctica que produce mucho placer, *pero que acarrea tanto dolor.* Y no pueden parar. ¿Por qué? ¿Por qué son malos? No. Porque se han anclado a una práctica que les ha quitado la libertad. Porque la sexualidad se ha vuelto algo que no responde al control de su voluntad. Se han vuelto esclavos de aquello que originalmente les proporcionaba placer. Sin embargo, ahora este placer no se compara con el dolor, la tristeza y la desesperación.

Han frenado la felicidad por el placer

Muchos han buscado prácticas que generan placer pero, a cambio, han perdido la felicidad, han hecho del placer sexual su adicción, un placer que no pueden abandonar. Han transformado el placer sexual en un vicio, donde la búsqueda del placer es por el placer en sí mismo, no por el vínculo que genera con el otro individuo. Comienzan a experimentar lo que Salomón expresó en Proverbios 6:18: «El corazón que hace planes perversos, los pies que corren a hacer lo malo».

Sin embargo, hay buenas noticias: no hay necesidad de ser esclavos de ningún tipo de práctica sexual. Dios nos da la oportunidad de ser libres, libres por el conocimiento, libres porque el Hijo nos hace «verdaderamente libres». Podemos ser libres de un pecado. Muchos *cristianos están libres de pecados porque Jesús los hizo libres.* Sin embargo, *no tienen libertad mental porque no tienen conocimiento.* Creen que están en pecado, y por creerlo, muchas veces terminan pecando.

Cuando un cristiano cree que está en pecado, hiere su sexualidad con pecado. Como hace o hizo algo que cree que es pecado, termina haciendo muchas cosas peores, simplemente porque cree que ya está sucio, manchado por el pecado. Un ejemplo sencillo de esto son algunas personas que han sido abusadas sexualmente. Creen que conservan un estigma que todos pueden observar, que están «marcadas» y que la persona amada seguramente notará los rastros del abuso, por lo que en un intento de disimularlo, pretenden ocultarlo con actitudes de excesiva castidad o santidad. Niegan sus sensaciones sexuales, lo cual hace que dejen de disfrutar e impiden que lo haga también su pareja. Se niegan a su cónyuge, lo que termina generando un resultado más devastador que el hecho de hablar de lo que sucedió en su pasado y sanarlo. Y hay quien termina por hacer de todo, porque ya está en pecado. Y lamentablemente es como nos han enseñado la sexualidad. Se termina por aceptar cualquier cosa, porque cree que está perdido. Terminan realizando prácticas vergonzosas, simplemente porque ya lo han hecho una vez. Por eso, si lo has hecho una vez, no tienes por qué seguirlo haciendo.

Es muy común encontrar cristianos que terminan eligiendo las prácticas homosexuales, y todo porque antes sintieron atracción por una persona del mismo sexo. Jesús nos hace verdaderamente libres, libres de todo tipo de pensamientos y prácticas, pero conocer la verdad nos da la libertad para disfrutar de nuestra sexualidad.

«Un grupo de científicos colocó cinco monos en una jaula y en el centro de la misma, una escalera con muchas bananas. Cuando uno de los monos subía por la escalera para tomar una de las bananas, los científicos lanzaban un chorro de agua fría sobre este, hasta hacerle desistir de su intento. Luego de algún tiempo de repetir esta operación, cuando un mono iba a subir la escalera, los otros a la fuerza se lo impedían. Pasó un tiempo y ya ninguno la subía, a pesar de la tentación que significaban las bananas. Fue entonces cuando los científicos sustituyeron a uno de los monos. La primera cosa que hizo el nuevo simio fue subir por la escalera, pero rápidamente los otros monos se lo impidieron por la fuerza. Después de algunas palizas, el nuevo integrante del grupo ya no subió por la escalera. Un segundo mono fue sustituido y ocurrió lo mismo. El primero de los sustitutos, incluso participó con entusiasmo de la paliza que le dieron al novato para impedirle que subiera por la escalera. Un tercero fue sustituido, y se repitió el hecho. Finalmente, el último de los monos veteranos fue sustituido, de manera que quedaron en la jaula cinco monos que nunca habían recibido un chorro de agua fría para que desistieran de su intento de alcanzar las bananas que estaban al final de las escaleras, pero de todas maneras, continuaban golpeando a cualquiera que intentaba llegar a las bananas» (*Reflexiones para el alma*).

¿No te resulta muy conocida esta experiencia con los monos? Todos, en mayor o menor medida, reaccionamos como lo hicieron estos monos en el experimento. No hablamos de sexo porque se nos ha enseñado que recorrer la escalera esta secundado de peligros y obscenidades que serían mejor evitarlas, pero también porque otros antes que nosotros la han recorrido y han encontrado como resultado alguna adversidad, y en lugar de seguir intentándolo, de seguir buscando la forma de encontrar caminos que los llevaran a la plenitud sexual, se han pasado el resto de sus vidas enseñando a cuanta persona pueden que el sexo es peligroso y puede lastimar. Al final del recorrido, al igual que los monos, muchos matrimonios no saben exactamente cuál es el peligro al que se pueden exponer si lo practican, pero se limitan a no subir esa escalera. Y esa idea se la trasmiten a sus hijos, y estos a su vez a sus propios hijos: «Y sí, te va a doler, pero si no lo haces, se buscará a otra».

Las verdades a medias son grandes mentiras

Muchas parejas tienen síntomas sexuales derivadas de falsas verdades que están arraigadas y forman todo un conjunto de creencias que sirven para desorientar su sexualidad. De igual manera que alguien puede usar un mapa cuando recorre rutas que no conoce, estas creencias sirven para guiar a quien decide observarlas. Entonces, si las creencias son falsas, medias falsas, medias verdades, falsas al fin, llevan al individuo a lugares equivocados, que seguramente, al iniciar su viaje, no pensaba llegar allí. Este conjunto de creencias forman *mitos* que se sostienen en el tiempo, y se los observan como verdaderos, pero como se los toma por verdades, se transforman en axiomas incuestionables, que nadie se atreve a cuestionar, ya que, al hacerlo, se corre el riesgo de que se lo acuse de no nombre... a las «costumbres». Y ese es el comienzo del desastre sexual.

No porque existan sanas costumbres
diremos que todas son sanas

Hay costumbres que además de no ser sanas, acarrean problemas más graves. Por ejemplo, cuando alguien practica una relación sexual solamente por costumbre, sin deseo o sin sentir pasión en ello, y lo hace solo «para cumplir», es probable que, al cabo de un tiempo, esto provoque algún síntoma sexual, como la falta del deseo sexual.

Hace un tiempo atendí una pareja que llevaba pocos años de casados. Sin embargo, al momento de venir a verme, ya estaban separados. Lo hicieron como un intento más de resolver sus problemas matrimoniales. Cuando comencé a indagar sobre el momento preciso en que comenzaron a tener problemas, resulta que el señor padecía de un síntoma de eyaculación rápida. Al cabo de poco tiempo de la penetración, terminaba eyaculando, sumado a que ella sentía dolores en el intento de ser penetrada. Como si esto fuera poco, habían tenido serias dificultades para lograr la penetración, porque iniciaron su vida marital sin consumarla, síntoma que cedió pero dio lugar al dolor. Esto llevo a que su esposa perdiera el interés por el sexo, y que creyera que ella era el problema del matrimonio. (Este es un ejemplo de creencia falsa que ella sostenía: pensar que se es la responsable absoluta de todos los problemas). Al cabo de poco tiempo, no solo había perdido el deseo sexual sino el interés por continuar con él.

Este tipo de ideas o creencias son falsas y confunden a las personas que las sostienen, y digo sostienen, del verbo «tener». Eligen pensarlas, creerlas y *sostenerlas*.

Al pasar el tiempo, este tipo de creencias se transforma en una mentira que parece verdad y que hay que corroborarla para ver si es cierta o no. Es aquí cuando aparecen estrategias de solución que también pueden ser desacertadas, o disfuncionales como por ejemplo: «Tal vez debería probar con otro hombre para ver si me sucede lo mismo». Así es como muchos terminan envueltos en relaciones sexuales con amantes, sin saber cómo salir de allí. Porque aman a sus cónyuges, pero mantienen muy buen sexo con personas que no aman, o que entienden que no pueden continuar con ese vínculo, ya que, por ejemplo, esa persona tal vez solo busca eso, sexo.

No son pocas las entrevistas con personas que llegan al consultorio para relatar historias de intentos de resolver su problema sexual con terceros. Ellos terminan por comprobar que tienen otro problema sumado al anterior. Por un lado, el problema sexual con su pareja, que los lleva a buscar fuera una solución; por el otro, pueden corroborar el fracaso, con lo cual suman más frustración o encuentran buenas relaciones sexuales, pero anhelan en su interior haberlo alcanzado con su cónyuge, que siguen amando.

Creo que todos los problemas pueden tener solución si existe total voluntad de cambio y compromiso en la pareja. Solo hay que animarse a cuestionar las creencias falsas que llevan a la pérdida del disfrute sexual.

CAPÍTULO ONCE

Mitos sexuales, *mentiras que parecen verdad*

«Había una vez, en un pueblo no tan lejano, un pequeño templo, al que asistían regularmente cada domingo un puñado de fieles. Junto al templo vivía un hombre humilde, que hacía las veces de cuidador y otras, de asistente de los feligreses. Muchos se sentían inspirados por la dedicación con la que aquel humilde cuidador realizaba los preparativos para el encuentro de los feligreses cada domingo por la mañana. A todos llamaba particularmente la atención el momento en que el cuidador ataba a su perro, un ovejero bonachón y cariñoso, a un viejo roble, ya que lo hacía con esforzada ternura. Tal era la ternura que dedicaba a su mascota que muchos opinaron que debía dejarlo suelto. Sin embargo, cada vez que lo hicieron, el perro no paraba de interrumpir, por lo que todos sabían que era imposible llevar adelante las actividades sin atar al animal. Un día el cuidador murió. Todos, entristecidos, decidieron que debían seguir cuidando del canino, pero que además debían seguir atándolo al viejo roble. Era tal el amor al cuidador que el solo hecho de verlo amarrado servía de recuerdo e inspiración a los fieles. Pasado un buen tiempo, también se murió el ovejero. Los miembros de la congregación parecían muy consternados ese día. Unánimes, decidieron que debían comprar otro ovejero... para seguir atándolo al viejo roble».

Así somos los seres humanos: hacemos y enseñamos cosas porque simplemente siempre se hicieron así. Estamos tan acostumbrados a que las cosas se hagan de esa manera que las hacemos sin saber por qué de esa forma y no otra. Si alguien preguntara: «¿Por qué se hacen las cosa de esta manera?», respondemos: «Porque siempre se hizo de esta forma».

En sexualidad, esta es una de las causas que mayores inconvenientes trae a las parejas: mantener las relaciones sexuales como siempre se hicieron, como se les enseñó, sin preguntarse por qué las hacen de esa manera. Esto genera mitos sexuales, mitos como «el varón siempre va arriba», «la mujer no debe hablar de sexo», «las relaciones sexuales se hacen en el dormitorio, en la sala no, ni en la cocina». ¿Por qué no? ¿Por qué si antes la pareja se daba un beso en cualquier lugar donde encontraba algo de intimidad, ahora, al estar casada, solo se los dan en la cama matrimonial? La respuesta a ello es porque simplemente lo hacemos de esta manera, ya que es lo que hemos aprendido a hacer, y lo repetimos, sin pensar que no hay nada de malo en, por ejemplo, besar a nuestra esposa delante de nuestros amigos.

Mito sexual

¿Qué es un mito sexual? Es una creencia que se acepta como verdad, pero que no lo es. Es una mentira, es una creencia errónea, equivocada. Una supuesta verdad que se toma por paradigma, por axioma incuestionable. Su característica principal es que no resiste un análisis lógico y objetivo, ya que está arraigado en los sentimientos. Además, como son anónimos y se transmiten de generación en generación, suelen arraigarse en las personas como verdades inspiradas por el «Espíritu Santo». Y quisiera en este punto llamar la atención sobre un aspecto que observo con excesiva frecuencia en el consultorio, la «rigidez mental».

Diferencia entre persona sana y persona no sana

En la gran mayoría de los diagnósticos psicopatológicos, lo que diferencia a una persona sana de una enferma consiste en la *rigidez de sus ideas*. Vale decir, a mayor rigidez de pensamientos, mayor patología mental. A mayor flexibilidad, mayor salud mental. La rigidez mental produce esclerosis psíquica, y es como una infección en el organismo. Debe ser tenida en cuenta, ya que el hecho de ignorarla, puede acarrear graves consecuencias. Hay personas que por aferrarse a determinadas ideas van perdiendo en un principio su libertad, su capacidad de pensar por sí mismos y, al final de todo, su salud. Un ejemplo de esto son los miedos. Se comienza por sostener una idea falsa como: «Yo no tengo lo necesario para encontrar la ayuda idónea que Dios promete». Esta idea se va asociando a otras: «Para que voy a ir al grupo de jóvenes si siempre van los mismos. Para eso me quedo en casa». Si esto se repite a menudo, es de esperarse que el grupo organice actividades y no lo invite a dichos encuentros sociales. Lo cual, de alguna manera, confirma la idea original: «Que no me inviten es la evidencia de que no tengo lo necesario». Así se repite el circuito sintomático que hace que esta persona termine por desarrollar una fobia social.

Una idea rígida puede *funcionar* por un tiempo, pero deja de hacerlo luego. Ese es el momento en que dicha idea debe ser reevaluada. Tal vez sea una idea que hoy ya no funciona. Una idea para que sea cierta debe funcionar en la vida práctica, de lo contrario, no podrá sostenerse por mucho tiempo. Por otro lado, en psicología cognitiva usamos *«la evidencia»* para ratificar o rectificar una idea. No es lo mismo escuchar a alguien decir: «Creo que mi esposa me engaña... porque no me presta atención como antes», a alguien que asegura: «¡Mi esposa me engaña!... porque cada mañana, antes de ir al trabajo, recibe un mensajito de texto que dice: "¿Cómo te levantaste, amor?"».

Los cristianos tenemos la Biblia como instrumento para ratificar o rectificar las ideas, y sometemos todo pensamiento a un análisis a la luz de la misma. Lo curioso es que hay muchos que no realizan ningún tipo de evaluación respecto a las ideas que tienen; simplemente las sostienen como verdad, solo porque siempre fueron así.

La Biblia es un conjunto de ideas que funcionan para aquellas personas que las ponen en práctica. El problema es que no se ha enseñado a la gente a interpretar la funcionalidad de estas ideas puestas en práctica, porque simplemente se nos ha instado a obedecerla sin saber por qué hay que hacerlo. Se nos ha enseñado a no tener sexo antes del matrimonio, pero no el porqué no hacerlo. Esto hace que los jóvenes no logren sostener sus puntos de vista cristianos en ámbitos académicos y laborales, y terminan por abandonar la fe, o abandonar la facultad, o aislarse del mundo y de la gente. Entonces una idea *sin evidencia lógica*, que *no resiste un análisis* y que *es demasiado rígida*, puede ser catalogada como errónea, un mito, una idea disfuncional (una idea que no funciona).

Variedad para todos los gustos

Existen muchos mitos sexuales, que van desde aquellos *mitos de concepción:* los cuales aseguran que cuando el hombre eyacula fuera de la vagina de su mujer, no quedará embarazada, o que basta con usar un «preservativo de lana» (tejido por la abuela) para evitarlo (aunque usted no lo crea, esto es lo que algunos creen y practican); hasta *los mitos de rendimiento:* que son las creencias que hablan del tamaño de los genitales como el del pene o la vagina, lo cual está asociado a una mayor capacidad de proporcionar placer, o de los tiempos para «ganar la carrera». Y hay otros más. *Mitos cronológicos:* que hablan de la edad. Hay quienes aseguran que por encima de una determinada edad no hay más posibilidades de mantener relaciones sexuales. *Los mitos machistas:* como aquellos que creen que la mujer, la primera vez que se tiene una relación sexual, tiene que ser guiada por un varón experto, «sabelotodo», que encima no debe equivocarse, y debe saber cada paso a seguir. *Los mitos feministas:* «Soy demasiada mujer para él, por eso no consigue la erección». Tenemos *los mitos afrodisíacos:* que hacen que usemos ropas interiores como la tanga de Tarzán. Cabe aclarar que puede ser muy divertido disfrazarse de hombre de la selva, o de superhéroe, pero eso no garantiza un buen disfrute ni un buen rendimiento. Dentro de los afrodisíacos tenemos aquel que reza: «El vino y el alcohol estimulan el deseo».

Muchos jóvenes usan el licor para mejorar su rendimiento. Este mito es uno de los más populares entre los jóvenes. *Mitos genéricos*: la masturbación es natural en el hombre, no en la mujer. Si una mujer se masturba, padece de una ninfomanía. «Una mujer que quiere varios orgasmos es rara, loca». «Los varones tienen más libertad, ya que no pueden vivir sin sexo».

Mitos altruistas: «No quiero hacerte daño, por eso voy a dejarte con los tres chicos, las deudas y el perro, para que puedas disfrutar la vida. Yo, por mi parte, me voy a sacrificar yéndome a vivir al Caribe, a una humilde morada junto al mar. Solo me llevaré los ahorros de toda nuestras vidas, para poder empezar algo allá». No pueden faltar los *mitos eclesiásticos*: «Hablar de sexo no es espiritual». «Si eres un buen creyente, no puedes tener problemas sexuales». «Si tienes problemas, es porque no has entendido bien el evangelio». «No se debe tener sexo en Semana Santa». Por último, podríamos mencionar los *mitos Salita León*, creencias que tienen los niños de jardín de infantes, pero que extrañamente llegan a muchos adultos. Creencias como: «Los niños nacen de un repollo... o por la cola». «Los padres tienen tantas relaciones sexuales como la cantidad de hijos que tuvieron». «Mamá y papá no tienen sexo». Todos y cada uno de estos mitos tienen por lo menos dos cosas en común. En primer lugar, son falsos. Sí, son falsos. En segundo lugar, están sostenidos por alguien, es decir, solo es posible su aparición porque un miembro de la pareja, o ambos, cree fielmente en ello.

Algunos mitos

Sexo es igual a coito

Aunque parezca mentira, esta es una de las creencias más arraigadas en el ser humano. La relación sexual es mucho más que el genital masculino dentro del femenino. El coito es una parte de la relación sexual; es una escena con varios actos.

Muchos creen que si no hay coito, el acto sexual es incompleto, es inmaduro o infantil. Parte de estas ideas, como se mencionó antes, provienen de Sigmund Freud, que afirmaba que todo acto sexual que no termine en coito es inmaduro y perverso. Una relación sexual puede empezar y terminar sin coito.

Y bueno, es importante tener esto en cuenta, ya que hay muchas parejas donde las caricias no solo son satisfactorias sino que son necesarias para lograr un normal desempeño sexual. Muchos hombres necesitarán una buena dosis de caricias antes de lograr una erección. De no existirlas, tal vez no la logren. Al igual que existen muchas mujeres que no logran lubricar adecuadamente sus genitales porque no hay caricias. También están aquellos que creen que por no practicar el coito, no han tenido una relación sexual. Consideran que una penetración anal o practicar sexo oral no es una relación sexual. Es frecuente encontrar en el consultorio personas casadas o que están de novios, que afirman que no han sido infieles solo porque no han mantenido coito, es decir, conocieron a alguien, salen juntos, se besan, terminan ambos desnudos en algún lugar, pero no se produce una erección, tal vez por culpa, por lo que no hay coito. Y luego llegan al consultorio diciendo: «Menos mal que no logré la erección. Así que no le fui infiel».

Esto que para muchos parecerá increíble es un ejemplo de cómo funcionan los mitos: *son verdades individuales que se eligen creer* para evitar la responsabilidad o por ignorancia. Entonces un acto sexual puede no incluir coito y ser de todos modos satisfactorio, maduro y sano. Muchas personas disfrutan bastante de la sexualidad, porque pueden ofrecer y favorecer un orgasmo como una forma de aliviar la tensión que produce la sexualidad, sin por ello acabar la relación con una penetración.

Recuerdo que hace unos años atrás atendí a una pareja. Ella era pequeña y menudita y él, grande, casi la doblaba en estatura. Ambos acordaban que el miembro de él era muy grande para ella y que las relaciones con coito terminaban ocasionándole dolores a ella. Incluso él se quejaba de no lograr introducir la totalidad de su pene. El problema lo resolvieron

con relaciones sexuales sin coito, salvo cuando tenían intenciones de procrear.

Otras veces sucede que un miembro de la pareja manifiesta que no quiere sexo, cuando en realidad lo que no quiere es
coito, porque tal vez está cansado, tuvo un día de trabajo com-
plicado, los niños se han portado terrible, y entonces simplemente lo que se necesita es un orgasmo de descarga sin coito.

Este también es el caso para aquellos cuya relación sexual
les resulta un verdadero compromiso. Temen no lograr un
adecuado rendimiento, no lograr una erección, o creen que
no lograrán ser penetradas adecuadamente. Para casos como
estos, resulta funcional disminuir la tensión con un orgasmo,
para luego dedicarse con tranquilidad a la práctica y el aprendizaje de la relación con coito. Esta idea es bastante antigua,
en parte, como dijimos, porque proviene de Sigmund Freud.
Él descubrió que los niños tienen sexualidad y reacciones corporales frente a los estímulos sexuales. Ahora se sabe por las
ecografías que los niños tienen erecciones y las nenas, lubricaciones en su vagina. Además, Freud describió que los niños se
tocaban los genitales, y que tanto niños como niñas lograban
disfrutar y excitarse con esta práctica. Por lo tanto, los niños
eran para él perversos polimorfos. Perversos en potencia. La
perversión tenía que ver con cualquier acto sexual que no ter-
minara en coito. Hoy se sabe claramente que esto no es así.
Ningún individuo es perverso por no terminar teniendo un
coito. Sin embargo, en aquella época se creía que la relación
sexual era el coito propiamente dicho, y todo lo demás era perversión. La meta última debía ser el coito. Un niño que no dejaba de tocarse los genitales podía terminar siendo perverso. De
aquí viene el mito de que toda persona adulta que se toca los
genitales es un niño, es infantil o es un perverso. Es un mito al
cual Freud no le alcanzo el tiempo de vida para desmentirlo, ya
que si hoy viviera, estoy seguro que no lo seguiría sosteniendo.

El ser humano tiene sexualidad desde que está en el vientre de su madre, hasta un minuto antes de morir, tiempo en
el cual puede tener una erección, aunque difícilmente estar

excitado. De hecho, mucha gente mayor se muere teniendo sexo, lo que en alguna medida representa una evidencia de que se puede tener hasta el último aliento de vida.

Esta idea de que cuando el ser humano crece, no debe tocase los genitales, ya que es sucio, insano, perverso, se ha trasladado al vínculo del matrimonio, y las parejas han dejado de tocarse y acariciarse los genitales por desconocimiento o por temor a estar cometiendo un acto impuro. Algunas parejas, que luego de tocarse los genitales sienten culpa, interpretan esto como una señal del «Espíritu Santo», que indica que algo anda mal. Dios no ha creado la culpa. *La culpa no es la herramienta que él utiliza para llamarnos la atención. Cuando algo anda mal en nuestras vidas y Dios toca nuestros corazones, nos hace sentir tristeza, arrepentimiento, dolor, pero nunca culpa.*

Por último, un ejemplo de que una relación sexual puede llevarse a cabo sin coito son los recientes y cada vez más conocidos «0600», donde la persona llama por teléfono y la voz del otro lado relata alguna práctica sexual que lo excita y que incluso termina por generarle orgasmos. No existe siquiera contacto con el otro. No hay penetración, no hay coito, pero hay una relación sexual. *El sexo no es coito. Coito es solo una parte de la relación sexual.*

Si tengo una erección debo penetrar

Esta es una creencia exclusiva de los varones. Y por ser ellos más pragmáticos y directos, suelen recurrir a la penetración apenas iniciada la relación sexual, sin dedicar el tiempo suficiente y necesario a una correcta estimulación de su amada.

Esta idea falsa proviene del hecho de que cuando un varón experimenta sensaciones de excitación, aparece, como ya lo mencionamos, una erección. Entonces asocia excitación a erección. Por ende, cada vez que tiene una erección entiende que está excitado y listo para «lo más importante», el coito, la penetración.

Como la sexualidad siempre ha sido medida y regulada por hombres o por la cultura machista es de esperarse que ambos miembros de la pareja crean que el coito debe comenzar cuando él está listo, es decir, con una erección. Otras veces, esta idea oculta un síntoma de disfunción eréctil. El varón sabe y conoce de su dificultad para lograr una correcta erección y sostenerla, por eso se dedica a estimular a su pareja, de alguna forma pretendiendo demostrarle amor y cariño, cuando en realidad lo está haciendo para lograr una erección. Y una vez la alcanza, debe penetrar *rápido* porque sabe (y la mayoría de las veces termina por confirmarlo) que no le durará mucho, por lo cual intenta disimular su síntoma con mayor cantidad de «horas de vuelo»; es decir, la mayor cantidad de tiempo con el pene dentro de la vagina. Él piensa: «Cuanto más lo tuve adentro, más me aproximé a satisfacerla».

El hombre debe entender que si bien está listo, ella puede no estarlo. Y que si pierde una erección, no debe ocuparse mucho de ello, ya que volverá por sí sola, cuando disminuya la ansiedad y el miedo. La erección está regulada por el sistema nervioso *autónomo*; es decir, que funciona automáticamente. Cuando queremos controlar algo que se da de forma automática, perdemos el control. En este caso, al querer controlar la erección, se pierde el control de la misma.

No se debe mantener sexo durante el embarazo

Ideas como: «Voy a lastimar al bebé», «No le va a gustar», «Lo voy a tocar con la punta del pene», «Con el movimiento del orgasmo puede desprenderse el embrión del útero». Estas y otras afirmaciones nos hacen preguntarnos: ¿se puede tener sexo durante el embarazo? Sí, se puede, salvo que exista una prescripción médica para no hacerlo. Incluso se puede mantener sexo en la semana previa al parto. Claro está que para lograrlo será conveniente realizar determinadas posiciones sexuales distintas a las del misionero (hombre arriba, mujer abajo), porque con la panza es difícil concretar un coito. Si tenemos en cuenta el punto anterior, se puede mantener sexo sin coito, es decir, con caricias, ya que al avanzar el embarazo, el único inconveniente es la comodidad. Hoy se sabe que el orgasmo femenino le hace bien al bebé. La criatura percibe sensaciones agradables durante y después de un orgasmo, porque todo lo que a mamá hace sentir bien, al bebé también. El niño lo percibe, de igual manera que lo hace con la bebida cola que toda mujer toma antes de la ecografía. (No quiero decir con esto que el orgasmo suplante a la bebida cola, a la hora de realizar un monitoreo, para lograr que el bebé se mueva, ya que esta bebida sigue siendo más práctica para transportarla).

El hombre debe estar siempre listo

Este mito es compartido de igual forma por hombres y mujeres. Por el lado de las mujeres, se expresa con afirmaciones como: «Si no logra una erección (enseguida), es porque no soy lo que él quiere», «Me ha dejado de amar», «Ya no le gusto», «Tiene otra», «No lo hago feliz». Estas y otras ideas no son expresadas, ni siquiera son conscientes, pero tienen la fuerza suficiente como para que ella manifieste agresividad frente al fracaso de una erección o la tardanza de la misma. Esto provoca que el varón necesite responder de forma rápida. De lo contrario, temerá ser juzgado. En él aparecen afirmaciones del tipo: «Si no logro una erección, me va a dejar», «Se buscará a otro», «Va a contarle a todas sus amigas que no tengo erecciones», «No logro hacerla feliz». Estos son los varones que se identifican con la frase: «*Aunque dicen que la soledad del poder es terrible, no creo que sea peor que la soledad del no poder*».

Este mecanismo dispara ansiedad y miedo en ambos miembros de la pareja, dos sentimientos que no son recomendables a la hora de mantener relaciones sexuales. Lo paradójico es que ambos, en el fondo, temen lo mismo: «*Temen perder al otro*». Temen quedarse en soledad. Ambos encierran la misma inseguridad, ya que creen que el vínculo está sujeto a rendimientos o demostraciones de algún tipo.

Otra supuesta verdad que afirma este mito es que los varones siempre deben estar predispuestos. *No pueden decir que no*. El varón no tiene el derecho social a «no tener ganas». Un varón que no tiene ganas, corre el riesgo de ser tildado de frágil, poco hombre y femenino. De hecho, los mismos hombres, ante la ausencia del deseo sexual, luchan con ideas sobre una supuesta homosexualidad reprimida. Esta idea proviene del machismo reinante en la cultura, donde el hombre siempre debe ser el fuerte, el que puede, el que enfrenta todos los desafíos. Esta podría ser una de las razones que explicaría por qué los varones a veces son infieles (una razón que explica, pero que no justifica). Por ejemplo, un hombre que va a su trabajo y se encuentra con una mujer que le manifiesta sus intenciones eróticas y sexuales, puede responderle sexualmente por el solo hecho de no atreverse a decir que no. El varón siempre listo no le puede decir que no porque teme perder su hombría, su imagen de macho, o piensa: «Si le digo que no, creerá que soy homosexual».

Un hombre casado me dijo: «No le puedo decir que no, porque es mejor tener sexo y calmarla, que no tenerlo, porque después me hará la vida imposible. Es más peligroso cuando le decís no a una mujer, que cuando le decís sí; porque cuando le decís no, se sienten rechazadas, y a partir de ahí te difaman».

En el mundo que vivimos, a veces pasa que cuando una mujer se siente rechazada, le quiere dar varias razones al señor para que nunca más se olvide de ella. Sin embargo, esto no alcanza para sostener el mito de que el varón debe responder ante una invitación. De todos modos, el varón sano no solo puede sino que sabe decir no, y no por ello verá afectada su estima, su valor o su imagen corporal.

Hace poco, un hombre me dijo: «Me la gané, me la gané. Tengo derecho. Un vaso de agua no se le niega a nadie». Existe como un respaldo de la sociedad, una creencia machista que respalda este mito, ya que vivimos en una cultura de ese tipo y falocrática, que significa que el pene es lo más importante. Hay una exaltación por lo masculino. Ejemplo claro de ello es que en varias importantes ciudades del mundo su monumento más importante es el obelisco.

Tengo un pene chico

El Dr. William Cutrer afirma: «*No importa tanto la longitud de la varita sino la magia que se hace con la misma*».

Este mito es exclusivo del sexo masculino, ya que son los varones los que lo padecen, aunque queda claro que muchas veces son las mujeres las que contribuyen a que esta creencia se arraigue en ellos. Hoy es frecuente encontrar todo tipo de programas de televisión donde se ve mujeres y hombres hablando de la dimensión sobrenatural de algunos miembros masculinos. La realidad es que las estadísticas confirman que el pene masculino tiene una dimensión que va desde los catorce a los dieciocho centímetros. Todas las estadísticas coinciden en estas dimensiones. Claro está que existen excepciones. Una de las más famosas es la de Napoleón, al cual le adjudicaban un pene que no superaba los seis centímetros en estado de erección. Sin embargo, fue considerado por sus contemporáneos como uno de los mejores amantes de la época. También existen excepciones. Hay varones que presentan miembros con mayor longitud a lo que las estadísticas indican. De todos modos, los pacientes que he atendido en el consultorio no lo manifestaban como algo que les resultara agradable. De hecho, páginas atrás mencioné el caso de una pareja que por causa de este detalle tenían grandes inconvenientes para realizar sus relaciones sexuales. El pene grande no es necesariamente una ventaja, como no lo es el tener una cabeza más grande de lo habitual.

Además, existe otra verdad que no siempre se conoce y es que un pene blando, que aparenta ser pequeño, tiende a erectarse más que un pene blando grande. Entonces, si un varón que cree que tiene el pene chico, concurre a un baño público o en el gimnasio se encuentra con otro varón y ambos están como Dios los trajo al mundo, es posible que tiendan a la comparación, donde, por lógica, quien sea el portador del pene más pequeño será el que lleve la peor parte. Es por ello que esta persona vive buscando la oportunidad de rectificar o ratificar su idea de que es portador del tan temido estigma del «pene chico».

El problema radica en que en el mundo masculino existe la comparación, la competencia. ¿Dónde? En los baños, en el gimnasio, en las duchas, en la imaginación, en las fantasías del varón, o en las películas eróticas o pornográficas, donde las fotos y las escenas están manipuladas. Muchos varones que sostienen el mito del pene chico afirman que miran este tipo de películas para estimularse en el matrimonio, cuando en realidad lo que buscan es corroborar una y otra vez la creencia y la sensación de que efectivamente tienen el pene chico. Escribir sobre esta idea me llevó a pensar en otra creencia falsa, que suelo escuchar tanto en hombres como en mujeres.

Las películas eróticas o pornográficas sirven para estimularnos

Esta práctica no contribuye a la experiencia ni al disfrute de la pareja. Por el contrario, tiende a eliminar lenta y progresivamente la fantasía de los miembros de la pareja, para luego necesitar exclusivamente de ello si quieren excitarse. Por otro lado, es una forma de proyectar sus propias inseguridades, ya que imaginariamente la persona que observa termina proyectándose en el actor o actriz. Es una práctica que puede estar indicando que esta área de la vida contiene aspectos inmaduros, ya que se necesita una dosis de imágenes para lograr una estimulación. Porque desde un aspecto inconsciente, la estimulación proviene de la idea de ser él o ella misma el actor o actriz. De esto mismo deriva una de las prácticas, que para mi sorpresa, más han aumentado en la consulta terapéutica: la de maridos que piden a sus esposas que mantengan sexo con otros, con el único requisito de poder observarlas o de que ellas relaten lo ocurrido detalle por detalle durante su acto sexual. En otras palabras, se arman su propia película pornográfica, donde la actriz es su propia esposa. En todos los casos he visto que los varones presentan una gran inseguridad e inmadurez sexual, e incluso temen perder la erección, con lo cual «tener otro varón que si pueda mantener erecciones» les genera tranquilidad.

Por otro lado, también puede manifestarse una sensación de extrema soledad que vivencia la persona que recurre a ello.

Concretamente no recomiendo eso, ya que dichas imágenes contaminan las escenas eróticas propias de cada pareja y luego dificultan un normal desempeño. De manera contraria a lo que se piensa, estas escenas son muchas veces causantes de todo tipo de síntomas sexuales. Mi experiencia en el consultorio demuestra esta realidad. Lo que inicialmente se realiza como un intento de salvar la vida sexual propia o de la pareja, termina siendo lo que agrava los síntomas o lo que los genera cuando no existían. Recordemos lo que decíamos en un capítulo anterior: cuando se introducen imágenes que no corresponden a la vida de esta pareja, lentamente las experiencias propias irán cediendo ante las imágenes del televisor, que siempre serán más intensas e ideales que las reales, puesto que esas escenas están gravadas en varias tomas, no hay olores, no hay cansancio, no hay problemas económicos, no hay niños, y además son actores.

Sí, lamento decepcionarlos, *¡pero están actuando!*

El hombre debe iniciar y dirigir la relación

Por ende, la mujer no debe iniciar ni dirigir la relación. Esto es falso. La mujer no solo puede sino que debería atreverse a iniciarla. El problema es que hasta ahora, cuando la mujer inicia y busca una relación sexual, es vista como algo malo, como que «en algo anduvo», «si tiene información sexual, es porque sabe mucho», «¿por qué será?» Estas son algunas de las insinuaciones que recaen sobre ellas. Con la misma tenacidad, este mito sostiene que el varón debe conocer todo respecto al sexo. Un varón que no lo sepa es uno que *no sabe todo lo que debería*. «Yo no lo quiero dejar porque eyacula rápido sino porque debería saber cómo hacerlo» (por supuesto que esta amenaza, que se emite de forma soslayada, incluye la idea de que ella sí conoce a otros que saben cómo hacerlo).

Ambos miembros de la pareja deben buscar aprender más. No hay quien deba saber más que otro. Y si ella sabe más que él, inicuyal, menos que aprender para él. Como dice Arjona en una de sus canciones: «Sabiendo que no eras el mejor partido... Si yo no he sido un monje, ¿por qué voy a exigirte que seas santa? Si es que el pasado te enseñó a besar así, bendito sea el que estuvo antes que mí».

Santiago, un joven que atendí, me contó lo siguiente: «*Me enamore de mi novia porque era virgen, pero después me contó que se había dado un beso con un flaco en el boliche, y me desenamoré*».

O el ejemplo de Florencia, que me relató que estaba de novia con el amor de su vida, pero tenían un problema: él siempre hablaba de un encuentro sexual que ella tuvo con otro chico antes de conocerlo a él. A pesar de que ella no lo conocía a él cuando mantuvo esa relación sexual, igual decidió pedirle perdón y se mostró siempre arrepentida de haber entregado su virginidad a alguien que no era el amor de su vida. Sin embargo, pese a todo esto, su novio no podía dejar de pensar en que él no fue su primer hombre, y decidió marcharse por esa razón. Tal es así que no solo rompió el noviazgo sino que además se fue a vivir al exterior. Lo paradójico del caso es que, años más tarde, estando ella de novia ya con otro muchacho, él logra contactarse con ella por chat para pedirle un consejo, ya que su actual novia era una ex prostituta. Su comentario fue: «No entiendo cómo te dejé por esto, siendo que ahora estoy peor que antes».

Este mito asegura que si una chica sabe, es rara, está manchada o en algo anduvo. Falso. Las mujeres tienen que tener la iniciativa sexual, porque esto enriquece la sexualidad, llena de libertad y creatividad a la mujer, dos ingredientes absolutamente necesarios para llevar a cabo una relación sexual exitosa y satisfactoria.

Sorprende escuchar a muchos varones que se quejan de que sus mujeres son aburridas y rutinarias, pero han sido ellos mismos los que las castigaron con comentarios machistas, tontos y descalificadores ante sus iniciativas sexuales. Y ello sucede porque los varones se achican, no la dejan, porque conservan la idea de siempre tener la iniciativa, no la dejan porque no están acostumbrados a que la mujer tome la iniciativa. Un varón se inhibe ante la demanda sexual de su mujer, simplemente porque no sabe qué hacer. Y si se articula esto con que se «debe estar listo», nos encontraremos con un varón que fue educado para tomar la iniciativa y que cree que debe saber lo que tiene que hacer, pero que no sabe cómo hacerlo, ya que esta situación de demanda sexual es inédita y no la conoce. Entonces se inhibe, se retrae, o aparece un síntoma.

No es casualidad que haya sido en esta época que apareciera el famoso Sindenafil (conocido en Argentina como Viagra), el cual sirve para solucionar un problema para el hombre que no está preparado: dar sexo cuando ellas quieren.

Hace poco, un cardiocirujano me contó que esa droga ya se venía utilizando desde hace mucho tiempo, incluso en mujeres. Sin embargo, llama la atención que haya sido en esta época que adquiriera semejante auge, cuando la mujer ha obtenido un mejor y mayor desempeño en la sociedad y, por ende, está mejor posicionada en la pareja, incluso para pedir sexo.

El sexo es siempre placer para el varón,
pero dolor para la mujer

Con frecuencia nos encontramos a mujeres que expresan que, al mantener relaciones sexuales, les duele, les molesta y terminan por no querer hacerlo con sus maridos. Estas experiencias son vividas por estas parejas como algo muy frustrante, ya que, al parecer, ellas sufren y los únicos que disfrutan son ellos. Las mujeres aguantan y sufren, ya que si manifiestan que no quieren tener sexo porque les duele, corren el riesgo de ser tildadas de frígidas. Es por esta razón que encontramos uno de los principales antecedentes de la ausencia del deseo sexual en la mujer. Una mujer que no está experimentando placer sexual en sus relaciones y no tiene la libertad para expresarse, recurrirá de manera frecuente a la «ausencia de deseo» como una forma inconsciente de evitar una situación molesta y desagradable. Incluso si la molestia persiste, puede volverse rencor o hasta odio.

Ambos miembros de la pareja deben disfrutar de la sexualidad, porque si uno de los dos no lo hace, pronto ninguno lo hará.

Esta idea de que la mujer no disfruta del sexo proviene de tiempos muy antiguos. Por ejemplo, en la Edad Media, las mujeres usaban unas sabanas, una «toga», las cuales tenían un agujero a la altura de los genitales, por donde el varón penetraba a su esposa. La idea clara era que la mujer no podía disfrutar de la sexualidad, ya que si lo hacía, era sinónimo de prostitución. Una mujer que quería gozar de un buen prestigio debía limitarse a dar hijos a su marido y, de ser posible, solo varones. Y luego el hombre concurría al burdel a saciar su libido sexual.

Sin embargo, hoy esta práctica sigue vigente. ¿Cuántas personas tienen sexo sin desvestirse? Hoy todavía hay muchos problemas con la desnudez, fundamentalmente con la de la mujer. ¿Cuántas mujeres no pueden mantener relaciones sexuales con las luces encendidas? Las mujeres aún no han ganado la batalla de usar su cuerpo para el propio disfrute sexual. Siguen pensando que si bien es cierto que deben disfrutar del sexo, lo más importante es satisfacer a su esposo, ya que, de lo contrario, temen perderlo o temen cometer un pecado. Y todo porque no deben saber, ni hablar, ni soñar con sexo.

El sexo también fue creado para la mujer. Si ellas disfrutan, el varón experimentará mayor placer frente a aquellas relaciones en que ella no disfruta.

Por último, de ninguna manera la mujer debería mantener relaciones sexuales si existe dolor al hacerlo. Esto es un atentado contra la relación de pareja y contra el deseo sexual. Si existe dolor, hay que hablar con el cónyuge, porque puede ser la expresión de que algo funciona mal como que él es muy brusco o va demasiado rápido. Si el dolor persiste luego de varias charlas, recomiendo buscar la ayuda de un médico ginecólogo y un sexólogo, en ese orden.

Con la primera relación no puede quedar embarazada

Falso. Una mujer puede quedar embarazada en la primera relación, incluso sin penetración. Es más, también puede quedarlo en el periodo de lactancia. Hay algo de cierto de que cuando la mujer está amamantando a su hijo, se hace más difícil concebir otro, ya que se produce un aumento de la prolactina, hormona que hace que la madre sienta su instinto materno, por lo cual se inhibe el deseo sexual y la posibilidad de una nueva fecundación. Esto posibilita que la madre se dedique al bebé recién nacido. Sin embargo, esto no quiere decir que la mujer esté inmune al embarazo. Tenemos unos amigos que tuvieron un hijo en febrero, y a los siete u ocho meses tuvieron otro. Sus dos primeros hijos nacieron el mismo año. Por eso es importante tener en cuenta que el aumento de prolactina se da en las mujeres, no en los varones, es decir, la mujer tiene inhibido el deseo, pero no el varón, por lo cual seguirá demandando sexo y ella recurrirá al mito que analizaremos a continuación.

El mito de la cuarentena

Hay un período donde si la mujer ha tenido un parto con episiotomía, duele, molesta. Por otro lado, la mujer puede experimentar mucho sangrado después del parto, y eso puede ser un poco incomodo. No es cierto que haya que esperar cuarenta días para volver a una relación sexual, mucho menos si entendemos por relación sexual un encuentro que no necesita de coito.

Es importante que el sexo se mantenga durante el embarazo y luego de que haya nacido el bebe, porque los varones no tienen un amor innato sino un amor adquirido por los hijos. No amamos naturalmente a nuestros hijos. Los amamos porque aprendemos a hacerlo. Entonces, si el hombre tiene que aprender a amar a su hijo y además su hijo le «saca» a su mujer, con quien hasta hace poco estaba teniendo sexo y ahora no, le va a «agarrar un veneno» contra esta criatura y no podrá amarla nunca. Y es ahí donde comenzará a competir con el pequeño. Por eso es importante, señoras, que después del embarazo, cuiden a sus maridos con buenos y amorosos encuentros sexuales.

Por el lado del varón, hay que entender que la mujer es quien se ha llevado la peor parte, es quien ha puesto el cuerpo, y se encuentra más sensible. Además, su instinto maternal sí es innato. Ella siente la necesidad de cuidar de una criatura, por lo cual el varón debería intentar elevar la prolactina para sentir algo del amor maternal que experimenta su mujer. Para ello basta con acercarse al bebé, cambiarle los pañales, jugar con él, entre otras cosas.

Algo que vale la pena mencionar es que luego del parto, la ansiedad sexual suele ser similar a la que existió en el primer encuentro sexual de la pareja, debido a que, al igual que en aquella oportunidad, existen un montón de situaciones nuevas con las que la pareja deberá enfrentarse, por lo que es frecuente que la ansiedad sea similar o incluso mayor a la que existió en el primer encuentro sexual.

La primera relación sexual es maravillosa

Este es un mito que ha perdido fuerza gracias al acceso a la información que existe hoy en día. Si bien es cierto que hay parejas que logran hacer de su primer encuentro sexual una experiencia inigualable, también lo es que existen muchas más que lo experimentaron como algo doloroso y desagradable. Hay personas que imaginan su primera relación sexual como algo maravilloso, libre de inconvenientes y dolores, y es en ello donde radica el mito. Si bien es cierto que el primer encuentro sexual de dos amantes es único y mágico, también lo es que está cargado de sinsabores, ansiedades, temores, expectativas infundadas o exageradas, que hacen del mismo algo no tan ideal como lo imaginado. Muchas parejas llegan al consultorio diciendo: «*Si esto es todo lo que la sexualidad tiene para darme, puedo vivir el resto de mi vida sin ello*».

El primer encuentro sexual de una pareja es único y mágico, simplemente porque es el primero. Una sola vez damos un primer beso, una primera caricia, y esto hace que sea algo especial. Sin embargo, que lo sea no quiere decir que esté carente de dolores, molestias y desencuentros. De todos modos, ni los dolores ni las molestias, ni los desencuentros son tan importantes como para no intentarlo una y otra vez, hasta que se logre alcanzar una relación satisfactoria para ambos.

No se puede tener sexo después de los setenta

Siempre se puede tener sexo. Basta con visitar un hogar geriátrico para darse cuenta de que esto no es cierto. Siempre cuento la experiencia de mi primer acercamiento a un lugar de esos. Siendo niño, la primaria del colegio organizó una visita al hogar geriátrico de mi ciudad. Una vez que habíamos llegado, la enfermera relataba la importancia de los vínculos sociales entre ellos, y que incluso se habían formado varias parejas de novios dentro de la institución. Recuerdo que mi pensamiento fue algo así como: «¡Que tierno se ponen de novios! ¡Ah, qué lindo estar con quien compartir!» Claro, en ese momento no entendí cuando ella dijo: «El problema lo tenemos de noche. Nos cuesta mucho trabajo controlarlos para que no se pasen de habitación». Y pensé: «¿Pero cuál es el problema que existe si se pasan de habitación? Si solo van a estar un rato juntos, para jugar a algo». Hoy entiendo a qué se refería la enfermera.

La verdad es que la sexualidad es algo que se puede disfrutar todos los días de nuestra vida, siempre y cuando exista voluntad y salud para llevarla a cabo. Aunque el paso del tiempo desgasta la mecánica sexual, las arterias, los nervios y otras partes, no por ello debe dejarse a un lado un poco más de paciencia e imaginación. Sobre todo tener en cuenta que los tiempos para que el cuerpo reaccione a los estímulos del amado suelen extenderse. Vale decir que si antes un varón alcanzaba una erección en menos de tres minutos, para esa edad puede lograrla en no menos de cinco o seis, o incluso más, ya que el tiempo de reacción puede triplicarse comparado con el de la juventud. Además, también se produce una prolongación del período refractario, es decir, luego de la eyaculación, el varón necesitará más tiempo para volver a la disposición sexual adecuada. En la mujer, el mayor inconveniente es la ausencia de lubricación, situación que puede resolverse con el uso de algún gel íntimo.

El alcohol es un estimulante

No. Las bebidas alcohólicas funcionan como inhibidores. Puede generar tanto en la mujer ausencia de orgasmos, como en los varones, disfunción eréctil, además de ausencia de deseo sexual. No conviene tomar alcohol antes de tener sexo. De hecho, la gente que consume Sindenafil lo tiene contraindicado, y no por el sentido medico sino por el funcional, pues le quita efecto, le resta eficacia al medicamento. De igual manera, el alcohol disminuye el rendimiento sexual.

Muchos me dirán: «No es verdad. Mi marido, cuando se alcoholiza, solo quiere sexo. Parece que le funciona mejor». Bueno, puede que experimente una mejoría a corto plazo pero, a la larga, las consecuencias no serán favorables. No es bueno solucionar problemas sexuales con alcohol. Además, el alcohol no es bueno. Tapa las arterias, contribuye al aumento de las grasas, adormece, entre otras consecuencias, situaciones que no favorecen la sana sexualidad. En realidad, las bebidas alcohólicas funcionan como un inhibidor, porque deprime el sistema nervioso central (SNC) y permite que el individuo se anime a hacer cosas que tal vez, de otra manera, no las podría hacer.

Como dijimos antes, algunos solucionan sus problemas a través de la bebida. Por ejemplo, un marido tímido y vergonzoso tal vez no se atreve a pedirle sexo a su esposa cuando está sobrio, por lo que necesita estar alcoholizado para sugerir, buscar y generar una relación sexual. Entonces, como no está sobrio, se atreve a buscar sexo, y lo logra. Sin embargo, luego de que pasa el efecto, interpreta que ha logrado tener sexo gracias al alcohol. Y no es así, el licor no hizo nada. El que realizó toda la tarea fue él. Y el alcohol simplemente le dio la «seguridad emocional» que necesitaba para buscar sexo con su esposa.

Puede que para muchos esto parezca extraño, pero les aseguro que más de un persona ha llegado a ser alcohólica como una forma de sobrellevar algún síntoma sexual.

No obstante, esto es un mito, porque la persona que necesita embriagarse para seducir a alguien cree que es el alcohol el que ha logrado el resultado positivo, cuando en realidad ha sido ella misma la que realizó la conquista, pero le atribuye el «éxito» a la bebida.

Creer que el alcohol favorece es falso. La botella no salió caminando a decirle a la señorita: «Aquel guapo señor te está mirando. Has notado lo apuesto que es. ¿Qué te parece si le das una oportunidad?». Él fue el autor. Él es el que tiene ese recuerdo, solo que no se anima por la ansiedad social. El alcohol lo único que hace es inhibir la censura, a fin de darle ánimo al individuo para intentar resolver el problema. Muchos pensarán que con esto es suficiente, que necesitan ingerir algo de alcohol para poder seducir a una posible pareja, o incluso para convencer a sus esposas a tener sexo. El asunto es que siempre que se usa el licor «*para algo*», se corre el riesgo de que forme parte de lo que no se puede controlar por cuenta propia, porque cada vez que se quiera sexo, necesitará del alcohol «*para que*» convenza al cónyuge.

Un párrafo aparte merecen los afrodisíacos. No existen comidas que mejoren el rendimiento sexual, que hagan tener una mejor erección o que aumentan el deseo. Lo que sí puede influir mucho es ingerir comidas livianas. Para llevar adelante un correcto desempeño sexual, se necesita de la mayor cantidad de sangre disponible para la ocasión, lo cual se aplica también a la digestión. Por ende, si el organismo está necesitando de sangre para digerir la comida, tal vez no se logre enviar la suficiente para lograr una correcta erección.

El Hombre se masturba más que las mujeres.
Las mujeres no se masturban

Aunque muchos no lo admitan, muchos hombres se masturban, incluso dentro de los matrimonios cristianos. Y de igual manera lo hacen las mujeres, con la única salvedad de que cuando lo hacen, no dejan rastro. En otras palabras, los hombres eyaculan y debe proceder a higienizarse, mientras que ellas no lo necesitan. Además, pueden hacerlo prácticamente sin realizar movimientos. Los varones dejan evidencias por todos lados.

Las encuestas muestran que tanto el hombre como la mujer se estimulan la misma cantidad de veces. Un aspecto importante a tener en cuenta es que si una persona dentro del matrimonio descubre a su cónyuge masturbándose, debería antes de juzgar y criticar, hablar del tema y descubrir cuáles han sido las necesidades insatisfechas que lo han llevado a tales prácticas.

No se debe mantener sexo durante le menstruación

Si bien es cierto que muchas parejas prefieren no mantener relaciones sexuales durante el período de menstruación, la realidad es que si se puede. Es probable que sea mayor la cantidad de parejas que prefieren no hacerlo, simplemente por una sensación de incomodidad de ella, o por razones de higiene. La Biblia, en el Antiguo Testamento, lo prohíbe y está asociado al pecado. Sin embargo, creo que se prohíbe por razones de higiene y seguridad, así como la circuncisión. Cuando Dios estableció el pacto con el pueblo de Israel e instauró la circuncisión como señal del mismo, sabía que iban a pasar cuarenta años en el desierto. ¿Y qué es lo que falta en el desierto? Agua. Es decir, no podrían higienizarse muy a menudo. Si un varón no tenía el pene circuncidado al momento de mantener una relación sexual, quedaría con rastros de semen en el prepucio, con lo cual era muy probable que se le infectara y le apareciera cualquier tipo de enfermedad relacionada con la falta de higiene. Dios, previendo eso, estableció un plan, en un lenguaje que ellos entendían muy bien. Si Moisés les hubiera dicho: «Dios dice que realicemos esto por nuestra seguridad», es probable que la mayoría de los hombres no lo hubieran obedecido. Sin embargo, como se asoció dicho mandato a una relación y pacto con Dios, el pueblo sí lo hizo.

Dios no es antipático. Tampoco quiere que no disfrutemos de la vida. Siempre va dos pasos delante de nosotros para limpiar nuestro camino.

En la actualidad, él se relaciona con los seres humanos de igual manera, con la diferencia de que la palabra pecado está devaluada socialmente. La Biblia establece determinadas reglas y las llama pecado, para que entendamos que ciertas prácticas pueden hacernos daño. Es como si Dios dijera: «¡Escucha, no hagas esto porque te irá mal!» No es que esté empeñado en quitarnos las cosas más lindas y placenteras de la vida. Por el contrario, nos da un marco claro y específico dentro del cual las cosas funcionan mejor que fuera del mismo. Es como si se asemejara al manual de un auto. Nadie hecha agua en el tanque de combustible. Eso sería una tontería. Si quieres, puedes hacerlo, pero en el manual está claro que no debe ser ahí.

El verdadero orgasmo es por penetración vaginal

Esto es falso. El orgasmo siempre y sin excepción es clitoriano, es decir, está relacionado con el clítoris. Este mito genera grandes inconvenientes en muchas parejas, ya que creen que acariciarse con la mano es infantil o inmaduro. Por ello, buscan el orgasmo exclusivamente con la penetración, y entonces pueden aparecer varios inconvenientes:

- Que la mujer no se sienta satisfactoriamente estimulada.
- Que la presión no sea la necesaria para que ella alcance un orgasmo.
- Que el varón acabe teniendo una eyaculación antes de que ella logre su orgasmo.
- Que ambos miembros de la pareja no estén dispuestos a emplear toda la energía que impone un coito, que consideren como algo infantil el orgasmo producido por una estimulación manual, y que prefieren evitar el sexo, antes que realizar un «acto completo», lo cual eleva el nivel de tensión.

Podemos recibir afecto, cariño y un orgasmo con el solo hecho de tocarnos. Nos han hecho creer que el orgasmo solo debe producirse con el contacto de los genitales, pero esto es falso. Hoy se sabe que la necesidad de ser abrazados es fundamental para los seres humanos. Incluso puede ser la necesidad más importante en el desarrollo de nuestro comportamiento, más que el agua y la comida. Es probable que un adulto no recuerde que no fue correctamente alimentado de niño. Sin embargo, si no fue correctamente abrazado, llevará esta marca por siempre, a menos que sane este aspecto de su vida.

Hay que recuperar la creatividad y volver a tocar al cónyuge. Ambos serán beneficiados por esta actividad.

Otro aspecto fundamental es que en el orgasmo femenino es justamente el clítoris el órgano que mayor sensibilidad tiene. Es bueno tener en cuenta este dato. La gente asocia coito con relaciones sexuales y orgasmo, con coito, pero no es así. El clítoris consta de una parte visible que está por fuera de la vagina, en el extremo superior. Sin embargo, lo notable es que es un músculo con ramificaciones que se introducen por debajo de la piel y rodean toda la entrada del introito vaginal, por debajo de los labios mayores y menores. Prácticamente no hay sensaciones ni en el interior de la vagina ni en las paredes de la misma. Incluso hay mujeres que pueden tener orgasmos sin tocarse los genitales.

Hace un tiempo, una mujer contaba que experimentaba orgasmos tomando sol. Con solo el movimiento de tocar la toalla en la que estaba acostada con la planta del pie le ocasionaba una excitación tal que le provocaba un orgasmo. Las sensaciones que le ocasionaban el tomar sol alcanzaban para que lo experimentara, sin siquiera tocarse los genitales. O hay mujeres que dicen tener un orgasmo cuando leen una novela de amor o ven una escena de amor. Ahora bien, esto no se dice, porque, como decíamos antes, la sexualidad es falocrática y machista. Todo pasa por el pene. Los varones hemos definido cómo tiene que ser la sexualidad de la mujer. Un varón difícilmente pueda tener un orgasmo sin que lo toquen. Por esta razón, se piensa que la mujer tampoco puede alcanzar un orgasmo fuera del coito. Y aparece la idea de que un orgasmo sin coito no es del todo legítimo o no es bueno. Hay momentos en la pareja en que

SEXO SENTIDO

este es el único modo de llegar al orgasmo. Como por ejemplo en el caso de una mujer que acaba de dar a luz o de una que tiene una barriga de ocho meses y medio. Hay quienes piensan que la relación sexual termina cuando el hombre eyacula, ya que luego es casi imposible mantener una erección (en la mayoría de los casos), pero esto no debe ser así, ya que la relación puede continuar con caricias, hasta que la mujer alcance su orgasmo, a pesar de que el varón ya haya eyaculado. Cuando la mujer alcanza un orgasmo con caricias, lo denomino orgasmo manual. Esto es algo que todavía hoy está asociado a la masturbación, aunque no es así, ya que en la pareja no existe eso sino las caricias. Las caricias sexuales dentro de la pareja son sumamente saludables y gratificantes. Las parejas que no logran un coito satisfactorio, pueden lograr mucha satisfacción si se acarician. Repito, eso no es masturbarse; eso es una relación sexual con una posición diferente. Los varones tenemos que aprender a tocar. Eso sí, debemos recordar que no estamos tocando un timbre o una pelota de futbol. Hay que hacerlo despacito, suavecito. Y las mujeres deberían enseñarles esto a sus maridos. Los varones no tienen por qué saberlo, ya que cada mujer es única. Por ello es fundamental la comunicación. Casi todas las parejas que no tienen buen sexo se debe, en parte, a que hay un problema de comunicación, de intimidad en la pareja. Por el contrario, el primer indicador de que la pareja mejoró su relación sexual es que recuperaron la comunicación. Esto se evidencia porque ya hablan en la terapia o dejan de lado al terapeuta. Y eso es un síntoma positivo.

El verdadero orgasmo es el que se da simultáneamente
Falso. Esto del orgasmo simultáneo ya no está tan de moda. Pretender tener uno de forma simultánea resulta tan poco práctico como vestirse simultáneamente, o masticar ambos a la vez. La posibilidad de un orgasmo así es del diez por ciento. Se cree que tener orgasmos simultáneos es lo normal, porque esto es lo que muestran las películas, que «ambos» culminan la relación en el mismo instante.

En la relación sexual hay pecado

Cada vez que hablamos de sexualidad es como si estuviéramos entrando en un terreno peligroso. Alguien afirmará: «Veamos qué es lo que afirmará». Siempre que se habla de sexualidad se tiende un manto de sospecha de cuán buen cristiano resulta ser quien nos viene a hablar de sexo, porque hablar de sexo es pecado. Por ejemplo, ¿cuántos podemos orar antes o después de tener sexo? Hace muchos años atrás atendí una pareja que recientemente se había casado, y no podían mantener sexo, o mejor dicho, tenían grandes dificultades para llevar adelante la relación. Cada vez que las mantenían, la chica oraba y decía: «Te ato y te reprendo, diablo inmundo, en el nombre de Jesús. Demonio, te ato... Vete, Satanás. Te reprendo, demonio de sexo».

Sí, aunque parezca raro, la chica lo decía en voz alta mientras el marido mantenía relaciones sexuales con ella. Ahora bien, ¿por qué hacía eso en ese momento? ¿Por qué veía demonios? Porque creía que estaba pecando.

Cuando tenemos sexo en el matrimonio, no hay pecado. Todo lo que hagas puertas adentro de tu habitación, ¡todo!, está bien, salvo lastimar a tu cónyuge, ofenderlo, obligarlo y que corra sangre. (Algún legalista preguntará: «¿Cuánta sangre debe correr para que sea pecado?»)

Nos han enseñado que «ahí abajo» se encuentran las zonas sucias y pecaminosas. Por eso hay quienes tienen la necesidad de lavar tanto sus genitales y no se los tocan. Y todo porque creen que los genitales están en pecado o por lo menos en las zonas pecaminosas. San Agustín hablaba de la «degradante necesidad del sexo», y Gregorio primero sostenía que «el placer sexual nunca está libre de pecado».

En otras palabras, si amas con pasión a tu esposa y sientes placer, estás «pecando». Estas y otras ideas forman parte del inconsciente colectivo, es decir, nadie piensa que está cometiendo un pecado por mantener sexo con su esposa, pero basta con que intenten alguna variante sexual o cambiar la cama matrimonial por un motel para que la «sensación pecaminosa» aparezca.

Dios no nos ha creado con sensaciones sexuales para señalarnos con el dedo. Él desea que seas libre y disfrutes de la sexualidad con tu cónyuge. Si no lo puedes hacer, no dejes de intentarlo. Eso no se debe a un pecado oculto, simplemente a que nunca nadie te enseñó que puedes disfrutar de la plenitud sexual.

Parece sencillo, y lo es: basta con creer que puedes lograrlo, y empezarás a practicar acercarte a tu cónyuge con cariño, dócil, y pronto obtendrás mucho más de lo que imaginabas. Eso sí, no dejes de intentarlo.

El hombre no puede vivir sin sexo y la
mujer tiene menos deseo sexual

Hay cierta lógica en esta afirmación. Desde el punto de vista hormonal y de la mecánica sexual, el varón responde más rápido a la sexualidad que la mujer. Él posee más testosterona que la mujer y, para lograr una excitación, necesita menor cantidad de sangre que ella. Fuera de esto, vale la pena preguntarnos por qué hay menos deseo sexual en la mujer. Pues bien, parte de la respuesta consiste en que el varón siempre está buscando mantener sexo con su mujer. Y el deseo viene como condición a la falta. Si no hay relaciones sexuales, hay deseo. Por el contrario, si hay exceso de demanda sexual, lo que aparece es ausencia. Si siempre lo andas buscando, no tendrá ganas. Aléjate un poquito, y el deseo volverá.

Por otra parte, no es real que el hombre no pueda vivir sin sexo. La satisfacción sexual no es una necesidad básica como si lo son comer, tomar agua, dormir y, como dijimos antes, ser abrazados (mirados, escuchados). El sexo es algo que contribuye a hacernos sentir bien, pero de ninguna manera forma parte de nuestras necesidades básicas.

> El sexo no es un impulso violento e intenso, que obliga a una persona a buscar satisfacción inmediata y que de no ser posible puede causar perturbaciones.

El sexo es un impulso, no es una necesidad. El sexo es lindo, bueno y lo podemos controlar. No es una necesidad fisiológica. Hay muchas personas que eligen no tener sexo, y vive bien, pero no por ello son reprimidos sexuales. Es gente que decide no tener sexo. Y los hay por diversas razones: espirituales, como un voto de abstinencia, decisión que toman los curas católicos; o viudez, duelo que impide la necesidad sexual; entre otras.

El orgasmo nocturno no existe

Falso. Si bien es cierto que la sexualidad no es una necesidad, también lo es que los varones tienen poluciones nocturnas cuando no eyaculan con frecuencia, ya que el organismo necesita liberar los espermatozoides que están cansados, viejos, para dar lugar a los jóvenes y fuertes. Por el lado de las mujeres se da que, al lubricar su vagina, lleguen incluso a experimentar orgasmos. El orgasmo puede aparecer por las noches. Para ello el organismo se vale de los sueños oníricos o eróticos. Aunque parezca demasiado obvio, vale la pena hacer claridad sobre lo siguiente: los sueños eróticos no constituyen pecado, ya que no existe ningún tipo de control sobre estos. Alguno podrá pensar que son la evidencia pecaminosa de un individuo, y tal vez sea por ello que, a la gran mayoría de las personas, les produce vergüenza hablar de dichos sueños. La única realidad que muestra esto es que nuestro psiquismo funciona mucho más allá de lo que imaginamos y podemos pensar, y que nuestros cuerpos sienten cosas que en la mayoría de los casos ni siquiera lo hacemos de forma consciente.

Bibliografía

- Anthony de Mello, *La oración de la rana 2*, Editorial Sal Térrea. 1era. Edición, España, 1988.
- Bernardo Stamateas, *Perversiones sexuales*, Editorial Clie, Barcelona, España, 1997.
- Bernardo Stamateas, *Sexualidad y Erotismo en la pareja*, Editorial Clie, Barcelona, España, 1996.
- Cloé Madanes, *Violencia masculina*, Editorial Granica, Barcelona, España, 1995.
- Dagmar O'Connor, *Como hacer el amor con la misma persona para el resto de su vida*, Editorial Urano, Barcelona, España, 1990.
- Eduardo López Aspitarte, *Amor, sexualidad y matrimonio*, Editorial San Benito, Buenos aires, Argentina, 2001.
- Elizabeht Wilson, *Mejor sexo*, Ediciones Nowtilus, S.L., Madrid, España, 2008.
- Helen Singer Kaplan, *La nueva terapia sexual I y II*, Alianza Editorial, Buenos Aires, Argentina 1974.
- José Luis Prieto, *Reflexiones para el alma*, Rosario. Argentina. 2007.
- Juan Carlos Kusnetzoff, *Toco y me voy*, Editorial Granica, Buenos Aires, Argentina, 2004.
- June M. Reinisch y Ruth Beasley, *Nuevo informe kinsey sobre sexo*, Editorial Paidos, Barcelona, España, 1992.
- Marie- France Hirigoyen, *El acoso moral*, Editorial Paidos, Buenos Aires, Argentina 1998.
- Martín Seligman, *La autentica felicidad*, Editorial Vergara, Barcelona, España, 2003.
- Neil D. Sherman, MD, Urologist, Essex County, NJ, Review provided by VeriMed Healthcare Network, Traducción y localización realizada por Dr. Tango, Inc. Enciclopedia médica en español: Eyaculación precoz.

- Nicolás Maquiavelo, El príncipe, Editorial Planeta, España, 1992.
- Norman H. Wright, *Romance en el matrimonio*, Editorial Unilit, Miami, FL, EE.UU., 1994.
- Norman Vincent Peal, *Mate la preocupación y viva para siempre*, Editorial Peniel, Buenos Aires, Argentina 1957.
- Rod Bell, *Sexo Dios*, Editorial Vida, Miami, FL, EE.UU., 2007.
- Wikipedia, Búsqueda realizada en Junio de 2009
- William Cutrer, M.D. y Sandra Glahn, *Intimidad y sexualidad en el matrimonio*, Editorial Portavoz, Michigan, EE.UU., 1998.

Nos agradaría recibir noticias suyas.
Por favor, envíe sus comentarios sobre este libro
a la dirección que aparece a continuación.
Muchas gracias.

vida@zondervan.com
www.editorialvida.com